ALLES GUTE!

Ein deutscher Fernsehsprachkurs
Begleitbuch

von

Ralf A. Baltzer und Dieter Strauss

in Zusammenarbeit mit
Mechthild Gerdes und Barbara Stenzel

Dagmar B. Waters
3548 N. Valley Street
Arlington, Virginia
22207-4445

L

LANGENSCHEIDT
Berlin – München – Wien – Zürich – New York

Der Sprachfilm „Alles Gute" ist eine Gemeinschaftsproduktion von Goethe-Institut und Inter Nationes.

Layout und Illustrationen: Theo Scherling

Redaktion: Mechthild Gerdes und Barbara Stenzel

Alle 26 Folgen des Fernsehkurses (Laufzeit 390 Minuten) sind übrigens auch als Videocassetten (in den Systemen VHS-PAL, VHS-NTSC, VHS-SECAM) erhältlich.

Über den Einsatz des Sprachkurses im Unterricht informiert Sie ausführlich das „Materialpaket für Lehrer", in Vorbereitung.

Texte mit diesem Symbol können Sie auf der Cassette A anhören. (Bestell-Nr. 96909)

s. S.   Dieser Pfeil verweist Sie auf die Seiten im Buch, wo Sie weitere Hinweise zu den an dieser Stelle aufgetretenen grammatischen Problemen finden.

Druck: 5. 4. 3. | Letzte Zahlen
Jahr: 93 92 91 | maßgeblich

© 1989 Inter Nationes, Bonn

Das Werk und seine Teile sind urheberrechtlich geschützt.
Jede Verwertung in anderen als den gesetzlich zugelassenen
Fällen bedarf deshalb der vorherigen schriftlichen Einwilligung
des Verlages.

Druck: Wenschow Franzis-Druck, München
Printed in Germany · ISBN 3-468-**96879**-5

Vorwort für alle, die im Unterricht „Alles Gute" einsetzen wollen

Wir freuen uns, daß Sie den Sprachfilm „Alles Gute" in Ihren Unterricht einbeziehen wollen, und wünschen nicht nur viel Spaß dabei, sondern auch „Alles Gute".

Dieses Begleitbuch ermöglicht Ihren Schülern eine erste Beschäftigung mit den Filmszenen und mit der sprachlichen Seite der deutschen Texte, die sie im Film gehört haben. Die Kapitel dieses Buches entsprechen daher auch dem Aufbau der Filmsequenzen. Zuerst finden Sie Übungen zu den Dialogen und Situationen mit Max, Melanie und Amelie und dann auf den Seiten mit lindgrünem Untergrund Ausschnitte oder Zusammenfassungen der Geschichten, die in der Bundesrepublik spielen. Diese Seiten enthalten auch Listen der neuen Wörter bzw. Redewendungen, die für das Verständnis des jeweiligen Drehbuchausschnitts wichtig sind.

Am Ende eines jeden Kapitels finden Sie einen Lösungsschlüssel und eine Wiedergabe der vollständigen Dialoge, die in den Übungen von den Lernern rekonstruiert werden sollen.

Grammatische Strukturen werden zumeist auf der Seite präsentiert, bei der die Lerner sie zum Lösen einer Aufgabe brauchen. Wenn Sie jedoch auf den systematischen grammatischen Zusammenhang verweisen wollen, können Sie den Grammatikanhang hinzuziehen. Ein entsprechender Hinweis auf den Übungsseiten hilft Ihnen, sich schnell zu orientieren.

Am Schluß des Buches finden Sie auch ein Wortregister, das alle im Buch verwendeten Wörter auflistet und angibt, wo sie zum ersten Mal im Kontext verwendet wurden (das ist bei den Dialogen mit Max, Melanie und Amelie der Lösungsschlüssel).

Die fettgedruckten Anweisungen zu den verschiedenen Aufgaben sind in einfachem Deutsch formuliert. Dennoch werden Ihre Lerner, wenn sie noch keine oder sehr geringe Deutschkenntnisse haben, vor allem am Anfang Schwierigkeiten beim Verstehen dieser Anweisungen haben. Hier sollten Sie entsprechende Erklärungs- bzw. Übersetzungshilfen geben.

Ähnliches gilt für den deutschen Kommentar zu den Übersichten im Grammatikanhang. Er ist in kleiner Schrift gedruckt und soll vor allem Ihnen zur schnellen Information und zur Formulierung der jeweiligen grammatischen Regeln helfen. Sie entscheiden, inwieweit Sie mit Ihren Schülern nur die Übersichten erarbeiten, oder ob Sie selbst weitere Informationen zu den grammatischen Gegebenheiten in der Muttersprache ergänzen.

Wie Sie am besten den Sprachfilm „Alles Gute" mit diesem Begleitbuch, dem Lese- und Arbeitsbuch und den Hörcassetten A und B im Unterricht einsetzen können, entnehmen Sie dem Materialpaket für Lehrer. Es liefert Ihnen detaillierte Vorschläge für die Arbeit mit dem Film und den Begleitmaterialien im Unterricht und bietet Ihnen außerdem ein vielfältiges Übungsangebot auf Materialblättern.

So, und jetzt viel Spaß bei der Arbeit und noch einmal: Alles Gute.

Inhalt

Vorwort 3

Kapitel 1 8
Verständigungsabsichten: sich oder jemanden vorstellen; nach dem Namen fragen; nach einem Zimmer fragen
Situationen/Themen/Orte: Vorstellung der Schauspieler; Hotelrezeption; Freiburg
Grammatik: Satzarten: Aussagesatz, Wort- und Satzfrage; Konjugation: Präsens Singular; Verb: *haben*; Personalpronomen: *ich, du, sie, Sie*; bestimmter Artikel: *der, die, das*; unbestimmter Artikel: *ein*; Negation: *nicht*; *Wie?*

Kapitel 2 15
Verständigungsabsichten: Uhrzeiten erfragen und angeben; Informationen erfragen und beantworten
Situationen/Themen/Orte: beim Aufstehen; in der Kantine; Nürnberg
Grammatik: Modalverb: *müssen*; Personalpronomen: *wir*; Konjugation: Präsens Singular; *Wie spät?*

Kapitel 3 21
Verständigungsabsichten: Sachen erfragen: etwas kaufen; nach dem Preis fragen und darauf reagieren; etwas ablehnen
Situationen/Themen/Orte: im Antiquitätenladen; in einem Geschäft; Fußgängerzone in Hamburg
Grammatik: Modalverb: *mögen*; Deklination: Plural der Nomen; unbestimmter Artikel: *eine*; Negation: *keine*; Definitpronomen: *die, das*; *Wieviel? Wo? Was?*

Kapitel 4 27
Verständigungsabsichten: sich vorstellen; sein Befinden ausdrücken; Besitzverhältnisse erfragen und bestimmen; Anreden formulieren
Situationen/Themen/Orte: Streit um Kleider; Show; Gärtnerei in Düsseldorf
Grammatik: Verb: *sein*; Possessivpronomen: *mein/e, dein/e*; Deklination: Akkusativ (bestimmter und unbestimmter Artikel); Präposition: *für*

Kapitel 5 33
Verständigungsabsichten: Urlaubsziele erfragen und diskutieren; ein Reiseziel festlegen; Orts- und Richtungsangaben machen; etwas vorschlagen
Situationen/Themen/Orte: Urlaubsgespräch; Aufbruch in den Urlaub; Picknick am Bodensee
Grammatik: Modalverben: *wollen, müssen*; Präposition: *nach*; Verben mit trennbarem Präfix; Personalpronomen: *ihr*; *Wohin? Wann?*

Kapitel 6 39
Verständigungsabsichten: sich für ein Geschenk bedanken; Gefallen und Nichtgefallen ausdrücken; sich entschuldigen; auf etwas bestehen; etwas ablehnen
Situationen/Themen/Orte: Geschenke machen; in einer Boutique; Spielplatz/Parkplatz
Grammatik: Deklination: Akkusativ (Personalpronomen: *mich, dich, uns*; Definit-/Indefinitpronomen: *den, einen*); Verneinung: *kein* vs. *nicht*; *es gibt*

Kapitel 7 .... **45**
Verständigungsabsichten: etwas verbieten; jemanden auffordern, etwas zu tun; Unvermögen ausdrücken; um Hilfe bitten; Wege erfragen und angeben
Situationen/Themen/Orte: Parkprobleme; räumliche Orientierung in der Stadt; Berlin
Grammatik: Modalverben: *dürfen, können*; Verben mit Dativergänzung; Lokaladverbien: *links, rechts, geradeaus*; Deklination: Dativ (Personalpronomen: *ihm, mir, Ihnen*); *Wem?*

Kapitel 8 .... **52**
Verständigungsabsichten: Vergangenes ausdrücken; erfragen, wo sich etwas befindet; Auskunft geben
Situationen/Themen/Orte: vor dem Verlassen des Hauses; Spiel mit Modellflugzeug; Hochzeit; Fußballspiel in München
Grammatik: Konjugation: Präteritum (*haben, sein*); Deklination: Akkusativ (Personalpronomen: *ihn, sie, es*); Wechselpräpositionen mit Dativ: *auf, neben, in*

Kapitel 9 .... **57**
Verständigungsabsichten: Vergangenes erzählen; etwas erbitten
Situationen/Themen/Orte: beim Aufwachen; im Café; Sightseeing in Bonn
Grammatik: Konjugation: Perfekt mit *haben* (regelmäßige Verben); Verben mit Dativ- und Akkusativergänzung

Kapitel 10 .... **63**
Verständigungsabsichten: etwas beschreiben; etwas vergleichen; Vorliebe(n) ausdrücken
Situationen/Themen/Orte: Wohnung einrichten; Wohnung suchen, besichtigen und mieten; Freiburg
Grammatik: Adjektiv: prädikative und attributive Stellung, Steigerung; Vergleichssätze; *diese, andere*; Wechselpräpositionen mit Akkusativ: *in, neben, auf*

Kapitel 11 .... **69**
Verständigungsabsichten: jemanden suchen; Gefallen/Mißfallen ausdrücken; ablehnen; widersprechen; Rückfragen stellen
Situationen/Themen/Orte: Hauskauf; Fernsehinterview; Betriebsversammlung
Grammatik: Konjugation: *sein; für, dafür / gegen, dagegen*; Verben mit Präpositionalergänzung; *Worauf? Worüber? Worum?*

Kapitel 12 .... **75**
Verständigungsabsichten: Wunsch ausdrücken, nach Erfüllbarkeit von Wünschen fragen; Speisen und Getränke bestellen; Vorschläge machen
Situationen/Themen/Orte: Heiratsbüro; im Restaurant; Geburtstagsfeier in Hamburg
Grammatik: Konjunktiv II: *ich möchte, ich hätte gern, ich wäre*; Adjektiv: attributive Stellung

Kapitel 13 .... **81**
Verständigungsabsichten: Angaben über Zukünftiges machen; Veränderung ausdrücken
Situationen/Themen/Orte: Wetterprognose; der erste Tag am neuen Arbeitsplatz; Geigenstunde; in einer Autofirma in Bremen
Grammatik: Konjugation: Futur I; Verb: *werden*; Nebensatz mit *daß*

Kapitel 14 88
Verständigungsabsichten: jemanden höflich bitten; jemanden auffordern, etwas zu tun
Situationen/Themen/Orte: Bibliothek; Stadtbummel durch Salzburg
Grammatik: Konjugation: Konjunktiv II (*würde* + Infinitiv); Imperativ

Kapitel 15 95
Verständigungsabsichten: Zeitangaben machen; etwas begründen; nach dem Befinden fragen; Schmerzen lokalisieren
Situationen/Themen/Orte: Zeitungsverkauf; Farben; Autokauf; beim Arzt; Ballonfahrt über Bayern
Grammatik: Zeitangaben (*morgens, am Morgen*); Kausalsatz mit *weil*; indirekte Fragen

Kapitel 16 101
Verständigungsabsichten: Vergangenes berichten
Situationen/Themen/Orte: Strand; Einbruch; Berlin
Grammatik: Konjugation: Perfekt mit *sein* und *haben* (regelmäßige und unregelmäßige Verben)

Kapitel 17 106
Verständigungsabsichten: Vorschläge machen; Vorschläge ablehnen; Wunsch ausdrücken
Situationen/Themen/Orte: Kino- und Theaterprogramm; im Café; Opernbesuch in München
Grammatik: Konjunktiv II (Möglichkeit: *wir könnten*; Wunsch: *ich hätte gern / lieber*); *von / davon*

Kapitel 18 111
Verständigungsabsichten: jemanden begrüßen; etwas begründen
Situationen/Themen/Orte: Fitness-Center; Konflikt am Frühstückstisch; in einer Galerie; Skifahren in Österreich
Grammatik: Reflexive Verben; Konjugation; Präteritum (Modalverben)

Kapitel 19 117
Verständigungsabsichten: seine Meinung ausdrücken; Vergangenes berichten
Situationen/Themen/Orte: beim Friseur; ein Polizeiprotokoll; im Geisterschloß; Dorffest bei Freiburg
Grammatik: Partikel: *etwas, ziemlich, viel, ein bißchen*; Konjugation: Präteritum; Temporalsatz mit *als*

Kapitel 20 123
Verständigungsabsichten: konditionale Zusammenhänge ausdrücken; Vorschläge machen; vergleichen; Vorgänge (Prozesse) beschreiben
Situationen/Themen/Orte: Reisebüro; Einkaufen; eine Einladung; Hopfenernte in der Holledau
Grammatik: Temporalsatz mit *bis*; Konditionalsatz mit *wenn* (Indikativ); Partizip I; Konjugation: Passiv

Kapitel 21 129
Verständigungsabsichten: die Gebrauchsanweisung für einen Apparat erfragen oder geben; beschreiben, warum etwas nicht funktioniert
Situationen/Themen/Orte: Autosalon; Post/Telefon; Hamburg/Nordsee
Grammatik: *müssen* im Gegensatz zu *brauchen zu*; indirekte Fragen

Kapitel 22 135
Verständigungsabsichten: jemanden beschreiben; Körperteile benennen; nach der Zeit fragen; nach einem Datum fragen; Eigenschaften benennen und erfragen

Situationen/Themen/Orte: Personen beschreiben; Heiratspläne; Geburtstagsfeier; Kohlenzeche im Ruhrgebiet
Grammatik: Adjektiv: attributive Stellung (Dativ/Akkusativ); Wochentage und Monate; Zeitangaben (Präpositionen: *im, am, um*); Wann?

Kapitel 23 . . . . **143**
Verständigungsabsichten: Zeitangaben erfragen; Mengenangaben machen
Situationen/Themen/Orte: Paßkontrolle an der Grenze; Krankenbesuch; Ausflug nach Schaffhausen (Schweiz)
Grammatik: *Seit wann? Der wievielte? Bis wann? Wie oft? Wie lang?*

Kapitel 24 . . . . **148**
Verständigungsabsichten: Wünsche äußern, verstärken, ablehnen; Verbote aussprechen; Irreales ausdrücken
Situationen/Themen/Orte: Museum; Verbotstafeln; Bürgermeisterwahl in Hessen
Grammatik: Indefinitpronomen: *man*; indirekte Fragen; Konjunktiv II (Irrealis: *ich wäre so gern / ich hätte*); Konditionalsatz mit *wenn* (Konjunktiv II)

Kapitel 25 . . . . **155**
Verständigungsabsichten: Vergleiche anstellen
Situationen/Themen/Orte: Filmszene im Studio; Talkshow im Fernsehen
Grammatik: Adjektiv/Superlativ: attributive Stellung (bestimmter und unbestimmter Artikel); Relativsatz

Kapitel 26 . . . . **161**
Verständigungsabsichten: Verabredungen treffen
Situationen/Themen/Orte: Karneval in Köln

Grammatikanhang **164**
Alphabetische Wortliste **172**
Bildquellen **176**

1 Wie heißt du?

> Hallo! Ich heiße Max.

> Hallo! Mein Name ist Martin.

> Guten Tag. Ich heiße Melanie.

1 Unterstreichen Sie die Namen und die internationalen Wörter.

Der Film und die Fotos helfen beim Verstehen.

2 Ergänzen Sie den Text.

① *Das ist Amelie.*
② *Das ist* _____
③ _____
④ _____

Beachten Sie beim Lesen immer:
- Namen
- internationale Wörter
- Fotos
- Situationen

Das alles hilft verstehen.

3 Max möchte Melanie kennenlernen. Was sagt er?
Schreiben Sie den Dialog aus dem Film.

Guten Tag!
Ich heiße Max.
Wie heißt du?

Ich heiße nicht Amelie.
Ich heiße Melanie!

Melanie!

Amelie?

1

4 Max sucht ein Hotelzimmer. Lesen Sie den Dialog.
Sie suchen auch ein Zimmer. Unterstreichen Sie die Sätze, die Sie brauchen: _____

Melanie:	Guten Tag!
Max:	Guten Tag!
	Mein Name ist Max Meier.
Melanie:	Hm? Wie heißen Sie?
Max:	Mein Name ist Max Meier.
Melanie:	Aha!
Max:	Haben Sie ein Zimmer frei?
Melanie:	Ja! Ich habe' ein Zimmer frei!
	Hier ist der Schlüssel.
	Zimmer 1 bitte!

Studenten			Fremde	
Freunde	„du"		Erwachsene	„Sie"
Kinder				

5 Bestellen Sie jetzt Ihr Zimmer.

REZEPTION

Guten Tag!

Ja. Wie heißen Sie?

10

s. S. 164

**6 Was paßt zusammen? Welche Sätze passen zu welchen Fotos?
Schreiben Sie die Nummern in die Kästchen.**

| Zimmer 3 ist frei. | | Hier ist der Schlüssel. | |
| Hier ist die Tasche. | | Das Zimmer ist besetzt. | |

die Tasche

der Schlüssel

das Zimmer

① ② ③

7 Was sagen Sie?

1. Sie möchten eine Person begrüßen.

   Guten Tag!

2. Sie wollen sich selbst vorstellen.

3. Sie wollen eine Person vorstellen.

4. Sie möchten den Namen von einer Person wissen:
   (von einem Jugendlichen)

   (von einem Erwachsenen)

Mein Name ist... · Wie heißen Sie? · Ich heiße... · Hallo! · Guten Tag! · Das ist... · Wie heißt du?

11

s. S. 164

1

⑧ Anna will in Freiburg studieren. Auf dem Bahnhof lernt sie Jürgen kennen. Dann schaut sie das reservierte Zimmer an.

```
Vermieterin:  Das ist das Zimmer.
Anna:         Das ist das Zimmer?
Vermieterin:  Ja.
Anna:         Um Gotteswillen!
Vermieterin:  Was ist?
              Nehmen Sie das Zimmer?
Anna:         Nein! Das Zimmer ist unmöglich!
              Ich nehme das Zimmer nicht.
```

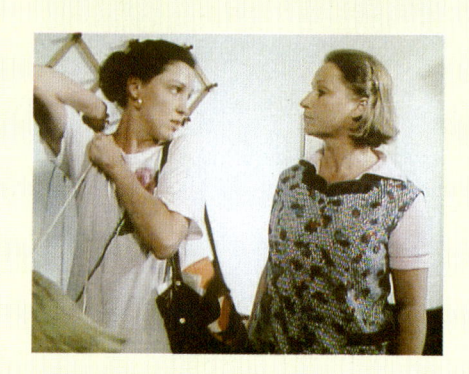

Was ist richtig? Kreuzen Sie an: X
a ☐ Das Zimmer ist besetzt.
b ☐ Anna gefällt das Zimmer.
c ☐ Anna nimmt das reservierte Zimmer nicht.

Um Gottes willen!
Nehmen Sie das Zimmer?
Nein.
Das Zimmer ist unmöglich.
Ich nehme das Zimmer nicht.

⑨ **Das Zimmer ist zu klein und zu laut. Anna kann dort nicht arbeiten. Sie fragt beim Studentenwerk der Universität, ob ein Zimmer frei ist.**

Studentin: Ja, bitte?
Anna: Ich suche ein Zimmer.
Studentin: Tut mir leid.
Wir haben kein Zimmer mehr.
Anna: Was? - Ihr habt kein Zimmer mehr?
Studentin: Nein. Tut mir leid!

Was ist richtig?
d ☐ Das Studentenwerk hat ein Zimmer für Anna.
e ☐ Anna ist zufrieden.
f ☐ Das Studentenwerk hat kein Zimmer mehr.

⑩ **Anna sieht Jürgen wieder und erzählt ihm alles. Jürgen hat eine Idee. Er nimmt Anna zu seinen Freunden mit.**

Jürgen: Hallo!
Thomas: Hallo, Jürgen!
Jürgen: Das ist Anna!
Sabine: Ich heiße Sabine.
Thomas: Thomas!
Jürgen: Anna hat kein Zimmer!
Sabine: Du hast kein Zimmer?
Das Bett hier ist frei!

Was ist richtig?
g ☐ Sabine ist die Freundin von Anna.
h ☐ Anna muß ins Hotel gehen.
i ☐ In der Wohnung von Jürgen und seinen Freunden ist ein Bett frei.

Ich suche ein Zimmer.
Tut mir leid.
Wir haben kein Zimmer mehr.
Anna hat kein Zimmer.
Das Bett hier ist frei.

s. S. 164

1 Lösungsschlüssel

Die Namen: Max / Martin / Melanie
Die internationalen Wörter: Hallo!
Name

2 1. Das ist Amelie.
2. Das ist Max.
3. Das ist Martin.
4. Das ist Melanie.

3 Max: Guten Tag! Ich heiße Max. Wie heißt du?
Melanie: Melanie.
Max: Amelie?
Melanie: Ich heiße nicht Amelie. Ich heiße Melanie.

4 Melanie: Guten Tag!
Max: Guten Tag. Mein Name ist Max Meier.
Melanie: Hm? Wie heißen Sie?
Max: Mein Name ist Max Meier.
Melanie: Aha!
Max: Haben Sie ein Zimmer frei?
Melanie: Ja! Ich habe ein Zimmer frei. Hier ist der Schlüssel. Zimmer 1 bitte.

5 ○ Guten Tag!
△ Guten Tag! Haben Sie ein Zimmer frei?
○ Ja. Wie heißen Sie?
△ Mein Name ist … (Ich heiße …)

6 1. Das Zimmer ist besetzt.
2. Hier ist die Tasche. / Zimmer 3 ist frei.
3. Hier ist der Schlüssel. / Zimmer 3 ist frei.

7 1. Guten Tag! / Hallo!
2. Ich heiße … / Mein Name ist …
3. Das ist …
4. Wie heißt du? / Wie heißen Sie?

8 c

9 f

10 i

14

Ich muß los

2

Guten Morgen!
Es ist schon spät.
Es ist schon sieben Uhr.
Und ich auch!
Sieben?
Wie spät ist es?
Ich muß auch los!
Ich muß los!

1 *Martin muß Amelie und Max aufwecken. Es ist schon spät! Was sagt er?*
Wie reagieren Amelie und Max?
Schreiben Sie den Dialog aus dem Film.

Martin: _____

_____

Melanie: Wie spät ist es?

Martin: _____

Max: Sieben?

Melanie: _____

Max: _____

Martin: _____

15

2

Max und Amelie müssen zur Arbeit.
Schreiben Sie den Dialog.

Max: *Müssen Sie zur Arbeit?*

Amelie:

(Oh, ich komme zu spät!)

(Ja, um 8 Uhr! Und Sie?)

(Ich muß auch arbeiten.)

(Nein. Wir nehmen das Motorrad!)

16

s. S. 165, 166

2

3 Unterstreichen Sie die Frage nach der Zeit: _____
Unterstreichen Sie die Zeitangabe: _ _ _ _ _ _

Martin: Guten Morgen! Es ist schon spät.
Max: Wie spät ist es?
Martin: Es ist schon sieben Uhr!
Max: Sieben? Ich muß los!
Martin: Ich muß auch los!

4 *Antworten Sie.*

○ Entschuldigung, wie spät ist es?

△ _____ _____ _____ .

○ Was? Schon acht?

△ _____ .

○ Oh, ich muß zur Arbeit! Danke!

△ Bitte!

5 *Fragen Sie.*

○ Guten Tag!

Entschuldigung, _____ _____ _____ ?

△ Es ist sieben!

○ _____ _____ ??

△ Ja, sieben!

○ _____ !

17

2 Nürnberg

① Heidi: Heh, Wolfgang!
Es ist schon spät.
Du mußt aufstehen!
Wolfgang: Wie spät ist es denn?
Heidi: Halb sieben.
Wolfgang: Geh du zuerst ins Bad!
Heidi: Nein, geh du zuerst!
Wolfgang: Na schön, ich gehe zuerst.

② Heidi: Noch Kaffee?
Wolfgang: Ja bitte! - Noch ein Brot?
Heidi: Ja. - Honig?
Wolfgang: Nein, danke.
Heidi: Wurst?
Wolfgang: Nein, Marmelade bitte!

6 In welchen Dialogen steht das?

a) ... Heidi und Wolfgang wollen noch etwas weiterschlafen.

b) ... Heidi und Wolfgang streiten sich, wer heute das Auto bekommt.

c) ... Heidi und Wolfgang haben ein großes Frühstück.

Dialog ①	
Dialog ②	
Dialog ③	

Du mußt aufstehen!
Halb sieben.
Geh du zuerst ins Bad.
Noch Kaffee?

das Brot
der Honig
die Wurst
die Marmelade

2

③

Wolfgang: Wie spät ist es?
Heidi: Halb acht.
Wolfgang: Ich muß los!
Heidi: Ich muß auch los!
Wolfgang: Ich komme zu spät!
Heidi: Und ich komme auch zu spät!
Wolfgang: Heute brauche ich das Auto.
Heidi: Nein, das Auto brauche ich! Du hast noch Zeit.
Wolfgang: Du kannst die Straßenbahn nehmen.
Heidi: Nein, ich nehme nicht die Straßenbahn ...

7 Was paßt zusammen?

Wolfgang:

1. Wie spät ist es?
2. Geh du zuerst ins Bad!
3. Ich komme zu spät.
4. Noch ein Brot?
5. Heute brauche ich das Auto.
6. Ich muß los!

Heidi:

a) Ich muß auch los!
b) Halb sieben.
c) Nein, das Auto brauche ich!
d) Ich komme auch zu spät.
e) Ja!
f) Nein, geh du zuerst!

Heute brauche ich das Auto.
Du hast noch Zeit.
Du kannst die Straßenbahn nehmen.

19

s. S. 165

2   Lösungsschlüssel

1. Martin: Guten Morgen! Es ist schon spät.
   Melanie: Wie spät ist es?
   Martin: Es ist schon sieben Uhr.
   Max: Sieben?
   Melanie: Ich muß los!
   Max: Ich muß auch los!
   Martin: Und ich auch!

2. Max: Müssen Sie zur Arbeit?
   Amelie: Ja, um acht Uhr. Und Sie?
   Max: Ich muß auch arbeiten.
   Amelie: Oh, ich komme zu spät!
   Max: Nein. Wir nehmen das Motorrad!

3. Martin: Guten Morgen! Es ist schon spät.
   Max: Wie spät ist es?
   Martin: Es ist schon sieben Uhr!
   Max: Sieben? Ich muß los!
   Martin: Ich muß auch los!

4. ○ Entschuldigung, wie spät ist es?
   △ Es ist acht Uhr.
   ○ Was? Schon acht?
   △ Ja!
   ○ Oh, ich muß zur Arbeit! Danke!
   △ Bitte!

5. ○ Guten Tag! Entschuldigung, wie spät ist es?
   △ Es ist sieben.
   ○ Schon sieben?
   △ Ja, sieben.
   ○ Danke!

6.
1	2	3
a	c	b

7.
1	2	3	4	5	6
b	f	d	e	c	a

Was kostet das?

3

1 Max kommt in Amelies Antiquitätenladen.
Was sagt er?

Amelie: Max:

Bitte?	f	Ich möchte eine Kamera.
		Was _____ ?
60 Mark.		Was _____ !
		Das _____ !
Hier habe ich eine Lampe!		Ich _____ .
		_____ !

a. Ich brauche keine Lampe.
b. Was?! 60 Mark!
c. Was kostet die da?
d. Das ist zu teuer!
e. Auf Wiedersehen!
f. Ich möchte eine Kamera.

3

2 Lesen Sie den Dialog. Sie möchten auch einkaufen. Unterstreichen Sie die Sätze, die Sie brauchen.

Amelie:	Was möchten Sie bitte?
Max:	Was kostet die Kamera?
Amelie:	Die ist nicht teuer. 60 Mark.
Max:	Oh, die ist zu teuer!
Amelie:	Hier habe ich auch eine Lampe.
Max:	Was kostet die denn?
Amelie:	Die ist sehr billig! Sie kostet 40 Mark.
Max:	Ich brauche eine Uhr. Haben Sie auch Uhren?
Amelie:	Ja, zwei Uhren. Sie kosten 100 Mark.
Max:	Was? 100 Mark! Das ist viel zu teuer!

3 Kaufen Sie jetzt bitte ein.
(Nehmen Sie die Sätze, die Sie oben unterstrichen haben.)

Verkäufer:

○ Guten Tag! Was möchten Sie bitte?

○ Die Uhr hier ist nicht teuer.

○ 30 Mark!

○ Möchten Sie die?

○ Eine Tasche! – Die hier ist auch sehr billig. Möchten Sie die?

Sie:

△ Ich _____ _____.

△ _____ _____ _____ denn?

△ Die _____ aber billig!

△ Ja. Ich _____ auch _____ Tasche.

△ Nein.
Ja!
Was kostet die?

22

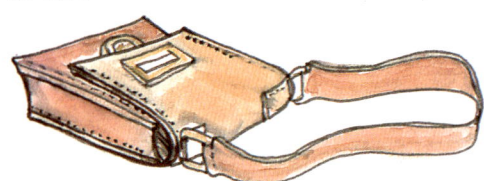

s. S. 169, 166

3

4 Was sagen Sie?

a) Sie möchten etwas kaufen:

1. _____
2. _____
3. _____

b) Sie möchten den Preis wissen:

1. _____
2. _____

c) Der Preis ist zu hoch:

1. _____

Haben Sie auch...? *Das ist zu teuer.* *Wieviel kostet das alles?*
Ich möchte... *Ich brauche...* *Was kostet das?*

5 Ergänzen Sie.

Sie:

1. ○ Was kostet die Lampe?
2. ○ Haben Sie _____ _____ _____?
3. ○ Ich _____ eine Uhr.
4. ○ Bitte, _____ _____ die Kamera?
5. ○ Das ist _____ _____!
6. ○ _____ _____ das alles?

Verkäufer:

△ 140,- DM.

△ Ja, ein Zimmer ist frei!

△ Bitte, hier habe ich zwei Uhren!

△ 290,- DM.

△ Nein, das ist sehr billig!

△ Eine Lampe, eine Uhr, eine Kamera: 590,- DM.

3

① Beate und ihr Sohn Christian warten in der Fußgängerzone in Hamburg auf Petra, die Freundin von Beate ...

Christian: Du, die Platte möchte ich!
Beate: Nein Christian!
Heute kaufen wir nichts!
Christian: Och - gar nichts?
Beate: Nein! - Nichts!
Christian: Und du?
Kaufst du heute auch nichts?
Beate: Nein.
Christian: Ich muß jetzt los, Mama.
Also tschüs!

② Beate möchte heute nichts kaufen, aber Petra braucht etwas Obst. Sie kommen zu einem Obststand ...

Petra: Die Äpfel sind schön.
Wieviel kosten die denn?
Verkäuferin: 2 Mark das Kilo.
Petra: Ich nehme ein Kilo.
Verkäuferin: Sonst noch etwas?
Petra: Ja, Bananen.
Die sind aber klein!
Was kosten die denn?
Verkäuferin: 3 Mark das Kilo.
Beate: Oh, das ist aber teuer!
Petra: Ich nehme nur 2 Stück.
Beate: Schau mal! Die Trauben!

③ Sie sehen einen Straßenverkäufer, der ein Teppichgerät demonstriert. Beate vergißt bald, daß sie nichts kaufen wollte ...

Verkäufer: Meine Damen und Herren!
Hier - kaufen Sie Super 2000!
Das Gerät ist super und -
es ist billig!
Beate: Toll, Petra! Das brauche ich!
Wieviel kostet das?
Verkäufer: Es kostet nur 50 Mark!
Beate: Nur 50 Mark! Das nehme ich.

④ Beate hat auch noch ein Kleid gekauft. Zu Hause möchte sie alles vor Christian verstecken ...

Beate: Christian!
Hier - das sind Trauben.
Christian: Und wo ist das Teppichgerät?
Beate: Was?
Christian: Und wo ist das Kleid?
Beate: Wie bitte?
Christian: "Nein, Christian, heute kaufen wir nichts!"
Wo ist das Teppichgerät?
Beate: Im Schrank ...

die Platte, die Platten
Heute kaufen wir nichts!
jetzt
tschüs
der Apfel, die Äpfel
Die Äpfel sind schön.
Sonst noch etwas?
die Banane, die Bananen
klein
nur

Schau mal!
die Traube, die Trauben
Meine Damen und Herren
das (Teppich-)gerät
wo
toll
das Kleid, die Kleider
der Schrank, die Schränke
im Schrank

Die Nomen sind hier im Deutschen immer mit Artikel und Pluralform angegeben.

s. S. 169

6 **Welche Sätze passen zu welchen Fotos? Schreiben Sie die Buchstaben in die Kästchen.**

a) Hier! Kaufen Sie Super 2000!
b) Die Äpfel sind schön.
c) Heute kaufen wir nichts!
d) Das Teppichgerät ist super und billig!
e) Wo ist das Kleid?

f) 2 Mark das Kilo.
g) Es kostet nur 50 Mark!
h) Du, die Platte möcht' ich!
i) Wo ist das Teppichgerät?
j) Ich muß jetzt los!
k) Was kosten die Äpfel denn?

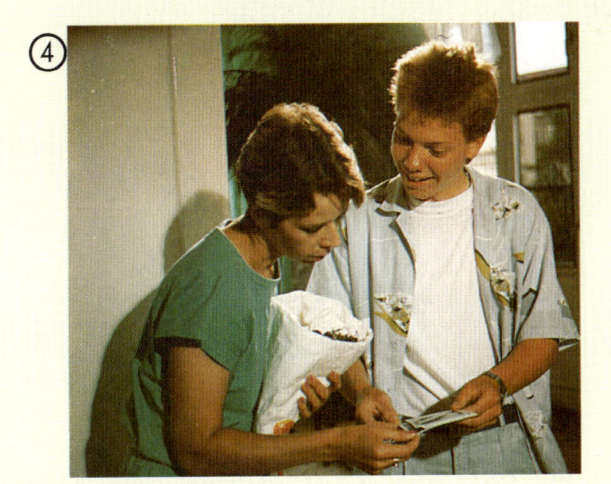

3

Lösungsschlüssel

1 Amelie: Bitte?
Max: Ich möchte eine Kamera. (f)
Was kostet die da? (c)
Amelie: 60 Mark.
Max: Was?! 60 Mark! (b)
Das ist zu teuer! (d)
Amelie: Hier habe ich auch eine Lampe.
Max: Ich brauche keine Lampe. (a)
Auf Wiedersehen! (e)

2 Amelie: Was möchten Sie bitte?
Max: Was kostet die Kamera?
Amelie: Die ist nicht teuer. – 60 Mark.
Max: Oh, die ist zu teuer!
Amelie: Hier habe ich auch eine Lampe.
Max: Was kostet die denn?
Amelie: Die ist sehr billig!
Sie kostet 40 Mark.
Max: Ich brauche eine Uhr.
Haben Sie auch Uhren?
Amelie: Ja, zwei Uhren.
Sie kosten 100 Mark.
Max: Was? 100 Mark!
Das ist viel zu teuer!

3 ○ Guten Tag! Was möchten Sie bitte?
△ Ich brauche eine Uhr.
○ Die Uhr hier ist nicht teuer.
△ Was kostet die denn?
○ 30 Mark.
△ Die ist aber billig!
○ Möchten Sie die?
△ Ja. Ich brauche auch eine Tasche.
○ Eine Tasche. –
Die hier ist auch sehr billig.
Möchten Sie die?
△ *(Hier gibt es verschiedene mögliche Antworten.)* Nein. / Ja! / Was kostet die?

4 a) 1 Ich brauche ...
2 Ich möchte ...
3 Haben Sie auch ...?
b) 1 Was kostet das?
2 Wieviel kostet das alles?
c) 1 Das ist zu teuer!

5 ○ Was kostet die Lampe?
○ Haben Sie ein Zimmer frei?
○ Ich brauche (möchte) eine Uhr.
○ Bitte, was (wieviel) kostet die Kamera?
○ Das ist zu teuer!
○ Was (Wieviel) kostet das alles?

6

1	c	h	j
2	b	f	k
3	a	d	g
4	e	i	

Ich bin glücklich 4

1 Max und Alfred treffen Amelie nach ihrer Show. Was sagen sie?

Amelie: *Ich bin Amelie.*
Ich bin _____

Max: _____

Alfred: _____

Amelie   froh   begeistert   Max Meier

Alfred Huber   glücklich

Ich bin < Amelie / glücklich

2 Was erzählt der Student Peter über sich? Ergänzen Sie.

Hallo!

Ich _____ Peter.

Ich _____ Student.

Ich _____ froh – ich _____ ein Zimmer im Studentenheim.

Oh, es ist schon spät! Ich _____ zur Universität. Ich _____ das Motorrad.

Tschüs!

muß   bin   nehme   habe   bin   heiße

27
s. S. 166

4

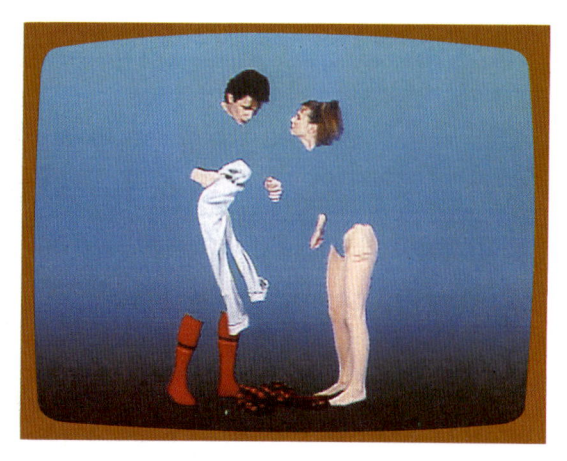

3 Max und Melanie streiten sich um ihre Kleider. Was gehört wem?
Ordnen Sie den Dialog und schreiben Sie die Buchstaben in die Kästchen.

ein Hemd   mein Hemd   dein Hemd

e   Melanie: Und der Gürtel?
              Das ist mein Gürtel!

d   Max: Das ist nicht dein Hemd.
           Das ist mein Hemd!

a   Melanie: So? Und das Hemd?
             Das ist mein Hemd!

f   Max: Was?
           Das ist nicht deine Hose.
           Das ist meine Hose!

b   Max: Das ist nicht dein Gürtel.
         Das ist mein Gürtel!

c   Melanie: Das ist meine Hose!

1	2	3	4	5	6

das
mein (dein) } Hemd

die
meine (deine) } Hose

der
mein (dein) } Gürtel

28

4 **Amelie hat einen Hut.**
Für wen ist er wohl?
Ergänzen Sie den Dialog.

Amelie: Hier _____ _____ _____.

Martin: Einen Hut?

Amelie: Ja, _____ _____ brauche ich.

Martin: Der ist aber klein!

Amelie: Der ist _____ _____ _____.

Er _____ _____ _____.

klein

...den Hut...

...braucht einen Hut.

...habe ich einen Hut.

...für meinen Freund.

Hier ist	der Hut. / ein Hut. / mein Hut.		Ich nehme	den Hut. / einen Hut. / meinen Hut.
Hier ist	die Tasche. / eine Tasche. / meine Tasche.		Ich nehme	die Tasche. / eine Tasche. / meine Tasche.
Hier ist	das Hemd. / ein Hemd. / mein Hemd.		Ich nehme	das Hemd. / ein Hemd. / mein Hemd.

29

4

Die Kronenbrauerei in Dortmund hat am 5. Mai ein Jubiläum. Herr Guminski hat bei der Gärtnerei Pahl ein Blumengesteck für diesen Tag bestellt. Frau Pahl hat das Datum leider verwechselt und dies gerade bei einem Telefonanruf erfahren. Um 18 Uhr muß das Blumengesteck aber fertig sein! Und nun ist auch noch Besuch gekommen – Frau Pahls Bruder Dieter Rixner mit seiner Familie ...

Sigrid Pahl — Thekla Rixner — Dieter Rixner — Clemens — Frau Kolbe

10:00
Frau Pahl: Wir müssen das Blumengesteck heute noch machen!
Herr Pahl: Das schaffen wir nie!
Dieter Rixner: Doch, das schaffen wir, Martin! Thekla und ich helfen. Und du auch, Clemens. Klar?
Clemens: Klar!

12:00
Frau Pahl: 12 Uhr!
Thekla Rixner: Schaffen wir es?
Frau Pahl: Wir müssen!

17:00
Martin Pahl: Ich bin so nervös. 17 Uhr! Sigrid, wir schaffen es nicht.
Dieter Rixner: Wir haben noch eine Stunde. Um 18 Uhr sind wir fertig!

17:55
Sigrid Pahl: Wir sind fertig! Jetzt bin ich aber froh!
Thekla Rixner: Wunderschön! Ich bin begeistert!

Frau Kolbe: Da sind drei Herren.
Herr Guminski: Guten Tag, Frau Pahl.
                Oh, sehr schön! Vielen Dank! Auf Wiedersehen!
Frau Pahl: Auf Wiedersehen!
Dieter: Jetzt möchte ich ein Bier!
Sigrid: Ich auch!
Martin: Bitte sehr! Prosit!

das Blumengesteck
Das schaffen wir nie!
helfen
klar!
Wir haben noch eine Stunde.
Wir sind fertig!

wunderschön
das Bier
Prosit!
Frau ...
Herr ...

5 *Unterstreichen Sie im Text alle Namen. Schreiben Sie die Namen in die Liste.*

Vorname ♀	Vorname ♂	Familienname	Anrede
	Martin	Pahl	Herr Pahl

6 *Schreiben Sie einen Dialog.*

Das Blumengesteck ist pünktlich um 18 Uhr fertig. Alle sind müde, aber auch glücklich. Alle sagen etwas. Schreiben Sie einen Dialog zwischen Herrn und Frau Pahl, dem Gärtnerehepaar, Clemens und seinen Eltern, den Besuchern und Herrn Guminski, dem Chef der Bierbrauerei.

Guten Tag!
Oh, sehr schön!
Vielen Dank!
Wunderschön!
Hier ist Bier!
Ich bin begeistert!
Ich auch!
Ich bin froh!
Wir sind fertig! Jetzt möchte ich ein Bier!

Lösungsschlüssel

1 Amelie: Ich bin Amelie.
　　　　　Ich bin glücklich.
　　Max: Ich bin Max Meier.
　　　　　Ich bin froh.
　　Alfred: Ich bin Alfred Huber.
　　　　　Ich bin begeistert.

2 Hallo!
Ich heiße Peter.
Ich bin Student.
Ich bin froh – ich habe ein Zimmer im Studentenheim.
Oh, es ist schon spät.
Ich muß zur Universität.
Ich nehme das Motorrad.
Tschüs!

3

1	2	3	4	5	6
c	f	a(e)	d(b)	e(a)	b(d)

(Hier gibt es mehrere mögliche Lösungen.)

Melanie: Das ist meine Hose!
Max: Was?
　　　Das ist nicht deine Hose.
　　　Das ist meine Hose.
Melanie: So? – Und das Hemd?
　　　Das ist mein Hemd.
Max: Das ist nicht dein Hemd.
　　　Das ist mein Hemd!
Melanie: Und der Gürtel?
　　　Das ist mein Gürtel.
Max: Das ist nicht dein Gürtel.
　　　Das ist mein Gürtel.

4 Amelie: Hier habe ich einen Hut.
　　Martin: Einen Hut?
　　Amelie: Ja, den brauche ich.
　　Martin: Der ist aber klein!
　　Amelie: Der ist für meinen Freund.
　　　　　Er braucht einen Hut.

5

	Martin	Pahl	Herr Pahl
	Dieter	Rixner	Herr Rixner
Thekla		Rixner	Frau Rixner
	Clemens	Rixner	Clemens
Sigrid		Pahl	Frau Pahl
		Kolbe	Frau Kolbe
		Guminski	Herr Guminski

6 *Hier gibt es mehrere mögliche Lösungen.*
Ein Vorschlag:
Thekla: Wir sind fertig!
Martin: Ich bin begeistert!
Herr Guminski: Oh, sehr schön! Vielen Dank!
Dieter: Jetzt möchte ich ein Bier!
Sigrid: Ich auch!
Martin: Hier ist Bier!

5

Wir haben Ferien

1 Max und Amelie wollen zusammen Ferien machen. Aber sie wissen noch nicht, wohin sie fahren wollen.
Helfen Sie den beiden! Ergänzen Sie den Dialog.

Max: Wohin wollen wir fahren?

Amelie: _____ _____ _____ Sylt.

Aber _____ _____ _____ ?

Max: _____ _____ _____ Lindau.

Amelie: Ich will nach Sylt, und du willst nach Lindau.

_____ _____ _____ nun?

Max: Ich habe eine Idee!

_____ _____ _____ Berlin!

Ich will nach…
…wohin willst du?
Wir fahren nach…
Ich will nach…
Wohin fahren wir…?

| **Wohin** fahren wir? ➡ • | **Nach** Lindau. |
| | **Nach** Österreich. |

33

s. S. 166

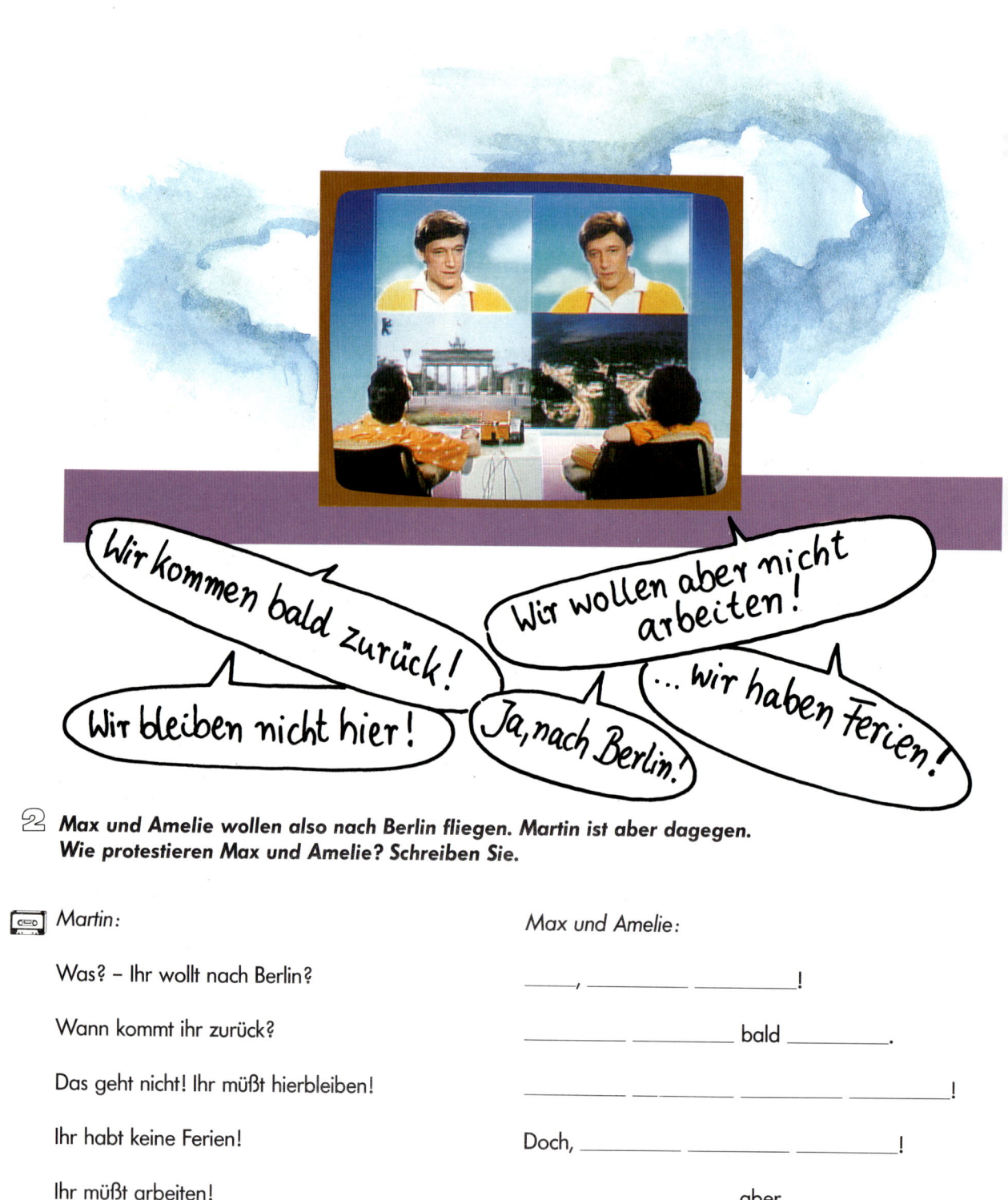

5

Wir kommen bald zurück!

Wir wollen aber nicht arbeiten!

Wir bleiben nicht hier!

Ja, nach Berlin!

... wir haben Ferien!

2 Max und Amelie wollen also nach Berlin fliegen. Martin ist aber dagegen.
Wie protestieren Max und Amelie? Schreiben Sie.

Martin:

Was? – Ihr wollt nach Berlin?

Wann kommt ihr zurück?

Das geht nicht! Ihr müßt hierbleiben!

Ihr habt keine Ferien!

Ihr müßt arbeiten!

bald

Max und Amelie:

_____, _____ _____!

_____ _____ bald _____.

_____ _____ _____ _____!

Doch, _____ _____ _____!

_____ _____ aber _____

_____!

34

s. S. 164, 165, 166

5

3 *In Urlaubsinseraten erwarten Sie bestimmte Informationen, z. B. Ort, Lage, Preise, Termine, Komfort, Sport- und Hobbymöglichkeiten usw.*
Lesen Sie die folgenden Inserate und unterstreichen Sie alles, was Sie verstehen.

① BODENSEE-HOTEL / 1 Woche

Zimmer mit Bad, Dusche, WC,
Lift, Farb-TV, Radio, Telefon, Minibar

ab DM 840,– pro Person im EZ incl. Halbpension

② SCHWARZWALD
Das romantische Hoteljuwel!

- mit Ferienprogramm
- Hallenbad
- Sauna
- Solarium
- Tennisplatz
- traditionsreich
- idyllische Lage
- familiäre Atmosphäre
- gutbürgerliche Küche

7 Tage Übernachtung und Frühstück ab 120,– DM
Kinder bis 5 Jahre frei!

③ ÖSTERREICH
Gasthof »Schöne Aussicht«

im Salzburger Land
Informieren Sie sich:

☐ Zimmer   ☐ Golf
☐ Sport/Hobby ☐ Kultur
☐ Tennisturniere ☐ Hauptsaison   ☐ Nachsaison

A-5630 Bad Hofgastein
Tel. (00 43 64 32) 73 24

Ankreuzen (✗) und auf Postkarte kleben!
Information kommt sofort!

Wohin fahren Sie?

1. Sie möchten Golf spielen.   Annonce Nr. _____

2. Sie möchten organisierte Aktivitäten.   Annonce Nr. _____

3. Sie brauchen ein Zimmer mit Telefon.   Annonce Nr. _____

35

5

Beim Start in die Ferien gibt es Probleme.
Vater will noch einen Tag zu Hause bleiben, die Kinder wollen aber schon losfahren.

	Vater:	Was, ihr wollt schon heute los?
	Mutter:	Natürlich, wir haben Ferien!
	Vater:	Ja, die Schulferien fangen heute an. Überall Staus!
5		Wir fahren erst morgen los.
	Christine:	Papa bitte, wir wollen heute losfahren!
	Vater:	Aber ich möchte heute noch hierbleiben!
	Christine:	Aber unsere Ferien fangen doch heute an!
	Vater:	Also gut!
		....
10	Vater:	Da haben wir es: Stau!
	Fr. Häberle:	Dieser Stau ist ja entsetzlich!
	Mutter:	Ja, die Straßen sind total verstopft.
	Fr. Häberle:	Wir können auch nicht zurückfahren.
	Vater:	Wohin wollen Sie denn fahren?
15	Hr. Häberle:	Nach Österreich.
	Mutter:	Ach, wir fahren auch nach Österreich!
		....
	Mutter:	Aber was machen wir nun?
	Vater:	Wir machen Ferien im Stau!
	Mutter:	Also - wir müssen hierbleiben!
20	Fr. Häberle:	Wir bleiben nicht hier! Ich habe eine Idee! Kommen Sie! Wir machen ein Picknick!
		....

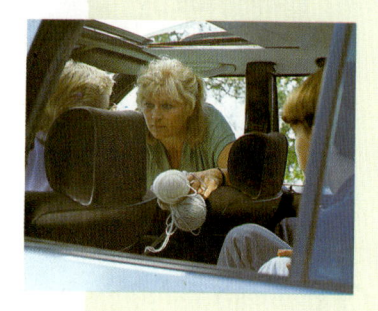

natürlich
die Schulferien fangen an
überall
der Stau, die Staus
morgen

entsetzlich
die Straße, die Straßen
verstopft
Was machen wir nun?

4 Wo steht das? Schreiben Sie die Sätze aus dem Text und/oder die Nummer der Zeile(n).

Zeile:

1. Vater möchte noch nicht in die Ferien fahren.

2. Die Eltern und das Ehepaar Häberle sprechen über ihre Urlaubsziele.

3. Frau Häberle hat eine gute Idee, was man im Stau machen kann.

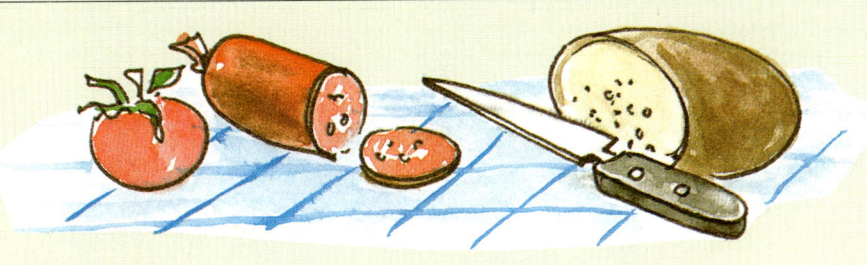

5 Der Vater und die Kinder diskutieren. Was paßt zusammen?

Vater:

1. Was? Ihr wollt heute los?
2. Überall sind Staus!
3. Ich möchte heute noch hierbleiben!
4. Wir fahren morgen los!

Die Kinder:

a) Nein. Die Straßen sind frei!
b) Ja, die Ferien fangen doch heute an!
c) Wir wollen aber heute losfahren!
d) Nein, wir bleiben nicht hier!

s. S. 164

5 Lösungsschlüssel

1 Max: Wohin wollen wir fahren?
Amelie: Ich will nach Sylt.
Aber wohin willst du?
Max: Ich will nach Lindau.
Amelie: Ich will nach Sylt, und du willst nach Lindau.
Wohin fahren wir nun?
Max: Ich habe eine Idee!
Wir fahren nach Berlin!

2 Martin: Was? – Ihr wollt nach Berlin?
Max und Amelie: Ja, nach Berlin!
Martin: Wann kommt ihr zurück?
Max und Amelie: Wir kommen bald zurück.
Martin: Das geht nicht! Ihr müßt hierbleiben!
Max und Amelie: Wir bleiben nicht hier!
Martin: Ihr habt keine Ferien!
Max und Amelie: Doch, wir haben Ferien.
Martin: Ihr müßt arbeiten!
Max und Amelie: Wir wollen aber nicht arbeiten!

3 1/Annonce Nr. 3
2/Annonce Nr. 2, 3
3/Annonce Nr. 1

4 1. Zeile 5
2. Zeilen 14–16
3. Zeilen 20–22

5

1	2	3	4
b	a	d/c	c/d

Wir brauchen diesen Platz

6

1 Max hat ein Geschenk für Melanie. Und Melanie hat ein Geschenk für Max. Aber beide sind ein bißchen überrascht.
Ergänzen Sie den Dialog.

Ist das für mich?

Ich habe auch etwas für dich!

Ja, das ist für dich!

Für mich?

Das ist für uns!

Max:

Melanie:

Ein Geschenk!

_____ _____ _____ _____ ?   Ja, _____ _____ _____ _____ !

Oh, danke schön!

Ich habe _____ _____ _____ _____ .   _____ _____ ?

Das Geschenk ist für dich und für mich.

_____ _____ _____ _____ !

Das ist | **für mich** | **für dich** | **für uns**

Was hat Max für Melanie?

☐ ... eine Tasche?
☐ ... eine Lampe?
☐ ... einen Tisch?
☐ ... eine Uhr?
☐ ... einen Ring?

Und was hat Melanie für Max?

☐ ... einen Hut?
☐ ... eine Kamera?
☐ ... einen Kuß?
☐ ... ein Motorrad?

6

Max:	Schön! Sehr schön!
	Wirklich sehr schön!
Melanie:	Ich finde es nicht so schön.
	Bitte, geben Sie mir einen Gürtel!
Max:	Es gibt keinen Gürtel für dieses Kleid.
Melanie:	Wie bitte?
	Es gibt keinen Gürtel?
Max:	Nein! Tut mir leid!
Melanie:	Dann hole ich einen!
Max:	Meine Dame, ich bitte Sie!
	Für das Kleid gibt es keinen Gürtel!
Melanie:	Doch. Es gibt einen: den hier!

2 Welche Sätze/Satzteile im Dialog sind eine Antwort auf die folgenden Fragen? Unterstreichen Sie.

1. Wie findet Max, der Verkäufer, das Kleid?
2. Was möchte Melanie von Max haben?
3. Wie beantwortet Max diesen Wunsch?
4. Mit welchen Worten findet Melanie die „Lösung"?

3 Beim Einkaufen.
Welche Sätze haben eine ähnliche Bedeutung?

1 □ a) Was kaufen Sie?
   □ b) Was haben Sie?
   □ c) Was nehmen Sie?
   □ d) Was arbeiten Sie?

2 □ a) Was kostet das?
   □ b) Was macht das?
   □ c) Was ist das?
   □ d) Wieviel kostet das?

3 □ a) Ist das ein Tisch?
   □ b) Willst du einen Tisch?
   □ c) Hast du einen Tisch?
   □ d) Möchtest du einen Tisch?

s. S. 29

Wie heißen die Fragen?

a) Die Kamera? 800 Mark!

b) Das Hemd? Nein, das ist zu teuer!

c) Es gibt keinen Gürtel für die Hose!

d) Nein, ich brauche keine Uhr!

e) Ich nehme 1 Kilo Äpfel!

brauchen   Was kostet ...?

nehmen   Möchten Sie ...?

haben   wollen

s. S. 29

6

Die Kinder haben keinen Spielplatz. Deshalb spielen sie auf einem Platz, wo auch Autos parken. Beinahe hätte ein Autofahrer den kleinen Florian überfahren. Herr Krein kommt, und die beiden Männer streiten sich: Parkplatz oder Spielplatz?

Parkplatz oder Spielplatz?

Markus:	Florian!
	Ist dir was passiert?
Bettina:	Unverschämtheit!
	Können Sie nicht aufpassen!
Herr Brehme:	Du mußt aufpassen!
Markus:	Sie aber auch!
Herr Brehme:	Das ist kein Spielplatz,
	das ist ein Parkplatz!
	Ihr dürft hier nicht spielen!
Bettina:	Papa Papa! Komm schnell!
	Hier ist etwas passiert!
Herr Brehme:	Nein! Es ist nichts passiert.
	Also: Spielt hier nicht mehr!
Herr Krein:	Wieso nicht?
Herr Brehme:	Das ist kein Spielplatz!
Markus:	Aber wir brauchen einen!
Herr Brehme:	Nein, ihr braucht keinen!
Herr Krein:	Wieso brauchen die Kinder
	keinen Spielplatz?
Herr Brehme:	Sie können zu Hause spielen.
Herr Krein:	Die Kinder wollen aber draußen
	spielen!
Herr Brehme:	Dies ist ein Parkplatz und
	kein Spielplatz! Guten Abend!
Florian:	Pah! Jetzt können wir hier
	nicht mehr spielen!
Herr Krein:	Doch! Ich habe eine Idee ...!

5 Unterstreichen Sie alle Negationen.

der Parkplatz, die Parkplätze
der Spielplatz, die Spielplätze
passieren
Können Sie nicht aufpassen?
Ihr dürft hier nicht spielen.

wieso?
das Kind, die Kinder
draußen
zu Hause
Guten Abend!

6 Ergänzen Sie.

Herr Brehme, der Mann mit dem Auto:

Das ist _____ _____.

Das ist ein Parkplatz.

Ihr dürft _____ _____ _____.

Die Kinder können zu Hause spielen.

Spielt hier _____ _____!

Herr Krein und die Kinder:

Doch, das ist ein Spielplatz!

Das ist _____ _____!

Wir wollen hier aber spielen!

_____!

Doch, wir spielen hier!

kein **nicht** **nein** **nicht mehr**

| Das ist ein Parkplatz. | Die Kinder spielen. |
| Das ist <u>kein</u> Parkplatz. | Die Kinder spielen <u>nicht</u>. |

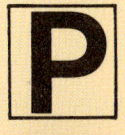

7 Erinnern Sie sich? Wie geht die Geschichte weiter?

Entscheiden Sie: richtig (r) oder falsch (f)?

	r	f

1. Die Kinder brauchen einen Spielplatz.

2. Herr Brehme sagt: Die Kinder können zu Hause spielen.

3. Die Kinder wollen zu Hause spielen.

4. Herr Krein denkt wie Herr Brehme.

5. Herr Brehme hat eine Idee.

6. Bald haben die Kinder einen Spielplatz.

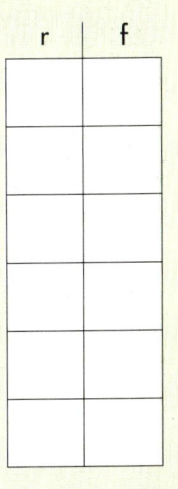

s. S. 169

6

Lösungsschlüssel

1 Max: Ein Geschenk!
     Ist das für mich?
   Melanie: Ja, das ist für dich!
   Max: Oh, danke schön!
     Ich habe auch etwas für dich!
   Melanie: Für mich?
   Max: Das Geschenk ist für dich und für mich.
     Das ist für uns!
   Max schenkt Melanie einen Ring. Melanie gibt Max einen Kuß.

2 Max: <u>Schön! Sehr schön!</u>
     Wirklich sehr schön!
   Melanie: Ich finde es nicht so schön.
     Bitte, geben Sie mir <u>einen Gürtel</u>!
   Max: <u>Es gibt keinen Gürtel für dieses Kleid.</u>
   Melanie: Wie bitte?
     Es gibt keinen Gürtel?
   Max: Nein! Tut mir leid!
   Melanie: Dann hole ich einen!
   Max: Meine Dame, ich bitte Sie!
     Für das Kleid gibt es keinen Gürtel.
   Melanie: <u>Doch. Es gibt einen: den hier!</u>

   1 ... sehr schön – 2 ... einen Gürtel – 3 Es gibt keinen Gürtel für dieses Kleid. – 4 Es gibt einen: den hier!

3 | 1/a+c | 2/a,b+d | 3/b+d |

4 a) Was kostet die Kamera?
   b) Nehmen (möchten/wollen) Sie das Hemd?
   c) Haben Sie einen Gürtel für diese Hose?
   d) Brauchen (möchten/wollen) Sie eine Uhr?
   e) Was möchten Sie?

5 Können Sie <u>nicht</u> aufpassen?!
   Das ist <u>kein</u> Spielplatz!
   Ihr dürft hier <u>nicht</u> spielen!
   <u>Nein</u>! Es ist <u>nichts</u> passiert!
   Spielt hier <u>nicht mehr</u>!
   Wieso <u>nicht</u>?
   Das ist <u>kein</u> Spielplatz!
   Nein, ihr braucht <u>keinen</u>!
   Wieso brauchen die Kinder <u>keinen</u> Spielplatz?
   Dies ist ein Parkplatz und <u>kein</u> Spielplatz!
   Jetzt können wir hier <u>nicht mehr</u> spielen!

6 Das ist kein Spielplatz!   Das ist kein Parkplatz!
   Ihr dürft hier nicht spielen!   Nein!
   Spielt hier nicht mehr!

7
1	2	3	4	5	6
r	r	f	f	f	r

Sie dürfen hier nicht halten!

Max hat ein Problem mit dem Auto. Er muß halten. Die Politesse Amelie kann das nicht erlauben.

Amelie: Sie dürfen hier nicht halten.
Max: Warum darf ich hier nicht halten?
Amelie: Halten verboten!
Max: Tut mir leid!
Ich kann nicht weiterfahren.
Amelie: Sie müssen aber weiterfahren!
Max: Dann helfen Sie mir bitte.
Mein Auto ist kaputt.

1 Unterstreichen Sie im Text und/oder schreiben Sie:

Wie sagen Max und Amelie:

a) Das ist verboten!

_____

b) Das ist obligatorisch!

_____

c) Das ist nicht möglich!

_____

45

s. S. 166

7

2 Sie haben ein Problem mit dem Auto. Natürlich ist gleich jemand da und sagt: Sie dürfen hier nicht halten.
Was sagen Sie? Ergänzen Sie den Dialog.

○ Hallo Sie!
   Sie dürfen hier nicht halten! △ Warum _____?

○ Tut mir leid!
   Halten verboten! △ _____ _____ weiterfahren.

○ Sie müssen aber sofort weiterfahren! △ _____ helfen _____ _____!

△ Mein Auto _____ △ Ich habe _____

ist kaputt.
ist defekt.
funktioniert nicht.

einen Platten.
kein Benzin.

7

Max ist fremd in der Stadt. Er möchte zum Bahnhof und fragt deshalb Amelie nach dem Weg. Wie muß Max gehen?

Max:	Entschuldigen Sie bitte: Ich suche den Bahnhof. Hier geradeaus?
Amelie:	Nein, nicht geradeaus. Nach links und dann nach rechts. Da muß ich auch hin.
Max:	Dann gehen wir zusammen!

Unterstreichen Sie im Text.

Zeichnen Sie den Weg zum Bahnhof ein.

↑ geradeaus
→ nach rechts
← nach links

Gehen Sie geradeaus, dann nach links, dann nach rechts und dann geradeaus. Da ist der Bahnhof!

Geben Sie bitte Auskunft: Die Zeichnung zeigt Ihnen den Weg.

○ Entschuldigen Sie, wo ist der Bahnhof? Geradeaus?

△ Ja! Gehen Sie _____,

dann _____ _____,

dann _____ _____.

○ Danke!

47

7

Amelie: Moment bitte, mein Gepäck.
Max: Darf ich Ihnen helfen?
Amelie: Ja bitte, helfen Sie mir!
Max: Geben Sie mir den Koffer.
Amelie: Hier bitte!
Max: Geben Sie mir auch die Tasche.
Amelie: Bitte!
August: Hallo, Amelie!
Wohin gehst du?
Amelie: Zum Bahnhof.
August: Oh, da muß ich auch hin.
Wir können zusammen gehen.
Max: Mit wem gehen Sie nun?
Mit ihm oder mit mir?

6 Max möchte Amelie helfen.
Was sagt er?

_____

Er möchte Amelies Koffer tragen.
Wie sagt er das?

_____

Er weiß nicht, ob Amelie mit ihm oder mit August zum Bahnhof geht.
Wie fragt er?

_____

7 Steht das im Text?

	ja	nein	
1. Amelie hat kein Gepäck.	☐	☐	das Gepäck
2. Max möchte Amelie helfen.	☐	☐	der Koffer
3. Er will den Koffer nehmen.	☐	☐	tragen
4. Amelie möchte die Tasche.	☐	☐	
5. August will zum Bahnhof.	☐	☐	

Er möchte die Tasche tragen.    **Sie gibt ihm die Tasche.**

s. S. 170

Der Schauspieler Paul Neske ist seit 40 Jahren nicht mehr in Deutschland gewesen. Er kommt mit seiner Partnerin, Laura Bird, zu Filmaufnahmen nach Berlin. Am Flughafen warten schon viele Reporter; einer von ihnen ist Felix, ein Volontär der „Berliner Zeitung" …

8 Ordnen Sie die Szenentitel des Films und beantworten Sie dann die Frage.

- Es ist auch kein Taxi da.
- Paul und Laura kommen nach Berlin.
- Paul und Laura fahren mit Felix.
- Der Chauffeur ist nicht da.
- Felix kommt mit seinem Auto.

1. _____
2. _____
3. _____
4. _____
5. _____

Was will Felix?

☐ Er will Paul Neske helfen. ☐ Er will mit Laura Bird flirten.

☐ Er will ein Interview machen.

7

Produzent: Hallo Paul!
  Herzlich willkommen in Berlin!
  Was ist denn das für ein Wagen?
Paul N.: Ja, wo ist euer Wagen?
Felix: Frau Bird, darf ich Ihnen Ihre Tasche geben?
Laura B.: Ja, das dürfen Sie! Danke!
Produzent: Wie geht es Ihnen, Laura?
Laura: Wie geht es Ihnen?
Felix: Entschuldigen Sie, Herr Neske ... Darf ich das Interview meiner Zeitung geben?
Paul N.: Ja, nehmen Sie das Interview!
Felix: Ich danke Ihnen!

9 Wie begrüßen sich die Leute?

_____
_____

Wie bittet Felix um Erlaubnis?

_____
_____

Wie bedanken sich die Leute?

_____
_____

Herzlich willkommen!
der Wagen, die Wagen
Wie geht es Ihnen?
Entschuldigen Sie!
die Zeitung

s. S. 166

Lösungsschlüssel

1 Amelie: Sie dürfen hier nicht halten.
Max: Warum darf ich hier nicht halten?
Amelie: Halten verboten!
Max: Tut mir leid!
Ich kann nicht weiterfahren.
Amelie: Sie müssen aber weiterfahren!
Max: Dann helfen Sie mir bitte.
Mein Auto ist kaputt.

a) *verboten*
Sie dürfen ... nicht (halten)!
(Halten) verboten!

b) *notwendig*
Sie müssen (weiterfahren)!

c) *unmöglich*
Ich kann nicht (weiterfahren).

2 △ Warum nicht?
△ Ich kann nicht weiterfahren.
△ Dann helfen Sie mir!
Mehrere Reaktionen sind möglich: Mein Auto ist kaputt/ist defekt/funktioniert nicht./Ich habe einen Platten/kein Benzin.

3 Max: Entschuldigen Sie bitte!
Ich suche den Bahnhof.
Hier geradeaus?
Amelie: Nein, nicht geradeaus.
Nach links und dann nach rechts.
Da muß ich auch hin.
Max: Dann gehen wir zusammen!

4 DB = Deutsche Bundesbahn

5 Ja! Gehen Sie geradeaus, dann nach rechts, dann nach links!

6 Amelie: Moment bitte, mein Gepäck.
Max: Darf ich Ihnen helfen?
Amelie: Ja, helfen Sie mir!
Max: Geben Sie mir den Koffer.
Amelie: Hier bitte!
Max: Geben Sie mir auch die Tasche.
Amelie: Bitte!
August: Hallo, Amelie!
Wohin gehst du?
Amelie: Zum Bahnhof.
August: Oh, da muß ich auch hin.
Wir können zusammen gehen.
Max: Mit wem gehen Sie nun?
Mit ihm oder mit mir?
Lösung für Frage 6: Darf ich Ihnen helfen? – Geben Sie mir den Koffer! – Mit wem gehen Sie nun? Mit ihm oder mit mir?

7
1	2	3	4	5
nein	ja	ja	nein	ja

8 1. Paul und Laura kommen nach Berlin.
2. Der Chauffeur ist nicht da.
3. Es ist auch kein Taxi da.
4. Felix kommt mit seinem Auto.
5. Paul und Laura fahren mit Felix.
Was will Felix? Er will ein Interview machen.

9 *Begrüßung:* Hallo! – Herzlich willkommen! – Wie geht es Ihnen?
Erlaubnis: Darf ich (Ihnen Ihre Tasche geben?) – Darf ich (das Interview meiner Zeitung geben?)
Dank: Danke! – Ich danke Ihnen!

8 Da war doch eben Max

Max: Tschüs Melanie, ich muß zur Arbeit. Wohin gehst du?
Melanie: Zur Post.
Max: Hast du dein Portemonnaie?
Melanie: Wo habe ich das Portemonnaie?
Ich hatte es eben noch!
Ah, da ist es!
Aber wo habe ich den Brief?
Ich hatte ihn eben noch!
Da ist er ja!
Und wo habe ich meine Brille?
Max: Hier – ich habe sie!

1 *Was sucht Melanie? Unterstreichen Sie.*

2 *Unterstreichen Sie alle Fragen.*

3 *Melanie sucht also Portemonnaie, Brief und Brille. Gerade war alles noch da. Wie sagt sie das? Ergänzen Sie.*

Wo habe ich das Portemonnaie? Ich _____ _____ eben noch!

Wo habe ich den Brief? Ich _____ _____ eben noch!

Wo habe ich meine Brille? Ich _____ _____ eben noch!

Das ist <u>der</u> Koffer.	Er ist groß.
Ich kaufe <u>den</u> Koffer.	Ich brauche ihn .
<u>Die</u> Brille ist nicht da.	Ah, da ist sie !
Ich suche <u>die</u> Brille.	Ich habe sie .
Wo ist <u>das</u> Portemonnaie?	Wo ist es ?
Ich brauche <u>das</u> Portemonnaie.	Ich hatte es eben noch.

4 *Jetzt suchen Sie verschiedene Dinge. Wie sagen Sie das?*

der Gürtel   der Hut   die Kamera   die Uhr

die Tasche   das Hemd   der Schlüssel

Wo habe ich _____ _____?

Ich _____ _____ eben noch.

52

s. S. 170

8

5 *Amelie und Max spielen mit einem Flugzeugmodell. Max weiß nie, wo es gerade ist. Ergänzen Sie.*

Max:	Wo ist das Flugzeug, Amelie?	Amelie:	Es ist _____ _____ Schrank!
	Nein, es ist nicht auf dem Schrank.		Aber es war auf dem Schrank.
	Und wo ist es jetzt?		_____ _____ Schrank!
	Aber da ist es auch nicht!		Jetzt ist es _____ _____ !

auf dem Schrank — *neben dem Schrank* — *im Schrank*

6 *Auf die folgenden Fragen passen mehrere Antworten, aber eine ist falsch. Streichen Sie die falsche Antwort aus und schreiben Sie eine richtige Antwort.*

○ Entschuldigung, wo ist der Bahnhof?
△ _____

Im Schrank.   Im Zentrum.   Neben der Post.   Da!

○ Wo hast du deinen Schlüssel?
△ Er war _____

im Zimmer.   in der Tasche.   in der Lampe.   auf dem Tisch.

○ Sie dürfen hier nicht halten!
△ Wo ist denn hier ein Parkplatz?
○ _____

Neben dem Bahnhof.   Im Zimmer.   Da!   Im Zentrum.

53

s. S. 171

8

Julian hat für seine Braut Franziska, die Fußballfan ist, ein ungewöhnliches Hochzeitsgeschenk. Auch die Oma ist begeistert.

7 Kombinieren Sie die Satzteile:

1. *Franziska:* Heute spielt Bayern-München
2. *Oma:* Das Spiel ist
3. *Julia:* Hier ist mein Hochzeitsgeschenk:
4. *Franziska:* Wir können doch jetzt nicht
5. *Julian:* Warum
6. *Oma:* Ihr geht zum Fußball,
7. Franziska, du mußt den Bayern

a) nicht?
b) im Olympiastadion.
f) Glück bringen!
d) Karten für das Fußballspiel!
c) ins Fußballstadion gehen!
e) und für uns gibt es Kaffee und Kuchen.
g) gegen Borussia-Mönchengladbach.

1	2	3	4	5	6	7

das Spiel, die Spiele
das Hochzeitsgeschenk
der Fußball
die Karte, die Karten
Glück bringen
der Kuchen

München, Olympiastadion

Nachbar:	Tor! Tor!
Franziska:	Abseits! Das war kein Tor!
Nachbar:	Doch, das ist ein Tor!
Franziska:	Nein, der Mann war im Abseits!
Julian:	Null zu eins gegen Bayern!
Franziska:	Ich bringe den Bayern kein Glück …!

**Beim ersten Tor gibt es Probleme. War es ein Tor? War es keins?
Entscheiden Sie: richtig (r) oder falsch (f)?**

1. Franziska insistiert, daß ein Spieler im „Abseits" war.
2. Franziska und der Nachbar sind einer Meinung.
3. Julian stellt das Torverhältnis fest: 0:1 für Borussia.
4. Franziska ist sehr enttäuscht.

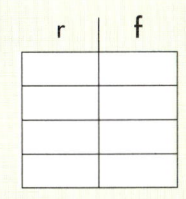

r	f

der Nachbar
das Tor, die Tore
das Abseits
null

* „Abseits": Wenn ein Spieler auf dem Spielfeld der anderen Mannschaft steht, müssen immer der Ball oder zwei Gegenspieler zwischen ihm und der Torlinie sein, sonst ist er „abseits".

8 Lösungsschlüssel

1 Max: Tschüs Melanie, ich muß zur Arbeit.
Wohin gehst du?
Melanie: Zur Post.
Max: Hast du dein Portemonnaie?
Melanie: Wo habe ich das Portemonnaie?
Ich hatte es eben noch!
Ah, da ist es!
Aber wo habe ich den Brief?
Ich hatte ihn eben noch!
Da ist er ja!
Und wo habe ich meine Brille?
Max: Hier – ich habe sie!

2 Wohin gehst du?
Hast du dein Portemonnaie?
Wo habe ich das Portemonnaie?
Aber wo habe ich den Brief?
Und wo habe ich meine Brille?

3 Ich hatte es eben noch!
Ich hatte ihn eben noch!
Ich hatte sie eben noch!

4 Wo habe ich den Gürtel?   Ich hatte ihn eben noch!
Wo habe ich den Hut?   Ich hatte ihn eben noch!
Wo habe ich die Kamera?   Ich hatte sie eben noch!
Wo habe ich die Uhr?   Ich hatte sie eben noch!
Wo habe ich die Tasche?   Ich hatte sie eben noch!
Wo habe ich das Hemd?   Ich hatte es eben noch!
Wo habe ich den Schlüssel? Ich hatte ihn eben noch!

5 Max: Wo ist das Flugzeug, Amelie?
Amelie: Es ist auf dem Schrank!
Max: Nein, es ist nicht auf dem Schrank.
Amelie: Aber es war auf dem Schrank.
Max: Und wo ist es jetzt?
Amelie: Neben dem Schrank!
Max: Aber da ist es auch nicht!
Amelie: Jetzt ist es im Schrank!

6 *falsch:* im Schrank / in der Lampe / im Zimmer

7

1	2	3	4	5	6	7
g	b	d	c	a	e	f

8

1	2	3	4
r	f	r	r

Hast du gelacht? 9

Melanie hat geträumt: Sie ist in einem kaputten Aufzug.

Melanie:	Max, ich habe geträumt.
Max:	Was hast du denn geträumt?
Melanie:	Ich war in einem Aufzug. Aber der hat nicht funktioniert.
Max:	Ja – und was hast du gemacht?
Melanie:	Ich habe auf „Alarm" gedrückt. Aber das hat nicht funktioniert.
Max:	Und was hast du dann gemacht?
Melanie:	Ich habe laut geklopft.
Max:	Du hast geklopft? Und dann?
Melanie:	Dann habe ich gewartet und gewartet.
Max:	Und?
Melanie:	Dann hast du mich geweckt.

1 Was hat Melanie in der Situation gemacht? Unterstreichen Sie.
Erzählen Sie Melanies Traum. Ergänzen Sie.

Melanie träumt.
Sie ist in einem Aufzug.
Aufzug funktioniert nicht.
Melanie drückt auf "Alarm".
Melanie klopft.
Sie wartet und wartet.
Max weckt Melanie.

Melanie hat geträumt.

Sie _____ in einem Aufzug.

Der Aufzug _____ nicht _____.

Sie _____ auf „Alarm" _____.

Dann _____ Melanie laut _____.

Sie _____ _____ und _____.

Und dann _____ Max Melanie _____.

57

s. S. 164, 167

9

Melanie: Guten Tag!
 Möchten Sie die Speisekarte?
Max: Nein, danke!
 Können Sie mir bitte eine Zeitung bringen?
Melanie: Ja, sofort!
Max: Moment bitte!
 Können Sie mir auch einen Aschenbecher bringen?
Melanie: Aber natürlich!
 Ich bringe Ihnen sofort einen.
Max: Ja – und Streichhölzer bitte!
Melanie: Ich bringe Ihnen auch Streichhölzer.
 Und die Speisekarte?
Max: Danke nein! Ich habe keinen Hunger.

s. S. 164

2 Steht das im Text?

	ja	nein
1. Max möchte die Speisekarte.		
2. Melanie holt einen Aschenbecher.		
3. Max braucht Streichhölzer.		
4. Max möchte keine Zeitung.		
5. Das Restaurant ist teuer.		
6. Max ist begeistert.		
7. Melanie bringt die Zeitung sofort.		
8. Max hat Hunger.		

der Hunger

3 Max ist zwar sehr höflich, Melanie ist aber als Bedienung gar nicht zufrieden. Warum nicht? Ergänzen Sie.

Max möchte keine Speisekarte, aber _____ _____.

Dann will er _____ _____ und dann _____.

Aber Hunger hat er _____!

Bonn
frühere Hauptstadt der Bundesrepublik Deutschland

9

Therese: Die Tischkarten hat Caroline gemacht.
Agnes: Wunderschön, Caroline!
Gertrud: Schön! Sehr schön gemacht!
.....
Ich stricke gerade einen Pullover!
Agnes: Du kannst ja gar nicht stricken!
Gertrud: Natürlich!
Das hier habe ich schon gestrickt!

4. War das so im Film? Entscheiden Sie: richtig (r) oder falsch (f)?

1. Die Damen unterhalten sich bei Kaffee und Kuchen, und Opa und Caroline langweilen sich.
2. Agnes hat etwas gestrickt.
3. Agnes und Hildegard lernen Englisch.
4. Caroline will Opa Bonn zeigen.
5. In der Villa Hammerschmidt empfängt der Bundespräsident seine Gäste.
6. Beethoven ist in Bonn geboren.
7. Caroline hat der Nachmittag mit ihrem Opa sehr gefallen.
8. Die Damen haben gemerkt, daß Opa und Caroline nicht immer da waren.

r	f

die Tischkarte, die Tischkarten
der Pullover, die Pullover
stricken
gerade

Wer wohnt da?
der Bundespräsident
empfängt seine Gäste

Opa:	Schau Caroline!
	Das ist die Villa Hammerschmitt.
Caroline:	Wer wohnt da?
Opa:	Der Bundespräsident.
	Hier empfängt er seine Gäste.
	.....
Caroline:	Und wer wohnt da?
Opa:	Hier hat Beethoven gelebt.
Caroline:	Wer war das?
Opa:	Beethoven war ein Komponist.
Caroline:	Und hat er da Musik gemacht?
Opa:	Ja! Hier hat er seine Musik komponiert.
	.....
Agnes:	Ich lerne gerade Englisch!
	Heute habe ich Vokabeln gelernt.
Hildegard:	Habt ihr das gehört?
	Agnes lernt Englisch!
	.....
Caroline:	Opa, das war schön heute!
Erika:	Nicht wahr, Caroline.
	Es war so schön und gemütlich
	bei uns heute nachmittag.
Opa:	Ja - nicht wahr Caroline?
	Der Nachmittag war sehr schön.

5 Ergänzen Sie aus dem Text:

Gertrud hat einen Pullover _____.

_____ hat die Tischkarten _____.

_____ hat Vokabeln _____.

_____ hat Caroline Bonn _____.

gemacht gestrickt
gelernt gezeigt

Gertrud Caroline Agnes
Opa

Vokabeln lernen
hören

gemütlich
der Nachmittag

zeigen

s. S. 167

Lösungsschlüssel

1
Melanie:	Max, ich habe geträumt.
Max:	Was hast du denn geträumt?
Melanie:	Ich war in einem Aufzug. Aber der hat nicht funktioniert.
Max:	Ja – und was hast du gemacht?
Melanie:	Ich <u>habe</u> auf „Alarm" <u>gedrückt</u>. Aber das hat nicht funktioniert.
Max:	Und was hast du dann gemacht?
Melanie:	Ich <u>habe</u> laut <u>geklopft</u>.
Max:	Du hast geklopft. Und dann?
Melanie:	Dann <u>habe</u> ich <u>gewartet</u> und <u>gewartet</u>.
Max:	Und?
Melanie:	Dann hast du mich geweckt.

Melanie war in einem Aufzug. Der Aufzug hat nicht funktioniert. Sie hat auf „Alarm" gedrückt. Dann hat Melanie laut geklopft. Sie hat gewartet und gewartet. Und dann hat Max Melanie geweckt.

2
Melanie:	Guten Tag! Möchten Sie die Speisekarte?
Max:	Nein, danke! Können Sie mir bitte eine Zeitung bringen?
Melanie:	Ja, sofort!
Max:	Moment bitte! Können Sie mir auch einen Aschenbecher bringen?
Melanie:	Aber natürlich! Ich bringe Ihnen sofort einen!
Max:	Ja – und Streichhölzer bitte!
Melanie:	Ich bringe Ihnen auch Streichhölzer. Und die Speisekarte?
Max:	Danke nein! Ich habe keinen Hunger.

1	2	3	4	5	6	7	8
nein	ja	ja	nein	nein	nein	ja	nein

3 Max möchte keine Speisekarte, aber eine Zeitung. Dann will er einen Aschenbecher und dann Streichhölzer. Aber Hunger hat er nicht!

4
1	2	3	4	5	6	7	8
r	r	f	f	r	r	r	f

5 Gertrud hat einen Pullover gestrickt.
Caroline hat die Tischkarten gemacht.
Agnes hat Vokabeln gelernt.
Opa hat Caroline Bonn gezeigt.

Wohin kommt das rote Sofa?

10

Der Himmel ist blau ...
die Sonne ist warm ...
und diese Wolke ist groß ...
und die andere Wolke ist klein ...
und die Blumen hier sind rot ...
Herrlich! Nicht wahr?

1 **Martin hat für Melanie und Max ein Bild gemalt. Es gefällt ihnen sehr. Ergänzen Sie.**

Max: Schau mal, Melanie!

Der blaue Himmel!

Melanie: Und die warme Sonne!

Max: Und die _____ e Wolke!

Melanie: Und diese _____ e Wolke!

Max: Schau, die _____ en Blumen!

Melanie: Das ist der _____ e Sommer!

63

s. S. 170

10

*Max und Melanie wollen ein Sofa kaufen.
Ihr Geschmack ist aber sehr verschieden.*

Max: Schau mal, Melanie, das Sofa da ist schön!
Das gefällt mir!
Melanie: Das gefällt dir?
Das Sofa ist zu neu.
Max: Möchtest du denn ein altes Sofa?
Melanie: Ja! Das da ist auch zu klein.
Ich möchte ein großes.
Max: Aber ...
Melanie: Schau, Max, das Sofa da ist alt.
Es ist größer und schöner als das neue Sofa.
Und es ist auch am billigsten.
Das nehmen wir!
Max: Aber ...

... das Sofa hier ist doch auch schön!   ... das Sofa ist zu alt!

... ich möchte ein neues Sofa!   ... wir brauchen kein großes Sofa!

2 **Wie sind die Sofas? Unterstreichen Sie die Wörter, die das sagen.**

3 **a) Was sagt Max zu dem Sofa,**   **b) Was sagt Melanie dazu?**
   das er ausgewählt hat?

   Es ist _____   Es ist _____

   _____

   c) Was sagt Melanie zu dem Sofa, das sie ausgewählt hat?

   Es ist _____ ;

   es ist _____

   und _____ als das neue,

   es ist _____ !

billig – billiger – am billigsten

groß – größer – am größten

   d) Stimmt Max dieser Wahl zu?   Ja ☐   Nein ☐

s. S. 171

4 *Amelie und Max haben eine neue Wohnung. Sie stellen ihre Möbel auf ...*

(in die Ecke / neben das Sofa / in die Mitte / unter den Tisch)

Amelie:

Wohin kommt der große Schrank?

Und wohin kommt der Eßtisch?

_____ _____ _____ natürlich!

Das Bett kommt _____ _____ _____ .

Max:

_____ _____ _____ .

_____ _____ _____ .

Und wohin kommt der runde Teppich?

Und das Bett? Wohin kommt das?

Das gefällt mir!

Jetzt haben wir eine schöne Wohnung!

s. S. 171

5 *Wohin kommen ...?*

1. Wohin kommt das Bett?
2. Wohin kommt die Brille?
3. Wohin kommt die Hose?
4. Wohin kommt der Teppich?
5. Wohin kommt der Aschenbecher?
6. Wohin kommt die Uhr?

a) in den Schrank
b) neben den Schrank
c) in die Tasche
d) unter das Sofa
e) in die Ecke
f) auf den Tisch

1	
2	
3	
4	
5	
6	

65

10

Die Studentin Anna und ihre Freundin Sabine suchen eine Wohnung in Freiburg. Herr und Frau Fischer haben eine kleine Wohnung zu vermieten ...

In der Wohnung

Herr Fischer: Das ist das große Zimmer!
Sabine: Was meinst du, Anna?
Anna: Hm. Der Raum ist sehr groß.
Sabine: Mir gefällt er.
Herr Fischer: Das ist das Bad mit WC!
Frau Fischer: Und das ist die Küche.
Sabine: Oh, die ist aber klein!
Frau Fischer: Hier in die Ecke können Sie doch noch einen Eßtisch stellen.
Herr Fischer: Dieses Zimmer ist kleiner.
Anna: Oh, der Raum gefällt mir. Er ist kleiner als der erste, aber er ist sehr gemütlich. Nur - wo ist das Bett?
Herr Fischer: Hier! Ein Schrankbett.
Anna: Das ist praktisch. Ich finde dieses Zimmer am schönsten.
Sabine: Wieviel kostet die Wohnung denn?
Herr Fischer: 600 Mark - mit Heizung!
Anna: Das sind 300 Mark für dich und 300 Mark für mich. Das ist nicht zu teuer.
Sabine: Nehmen wir die Wohnung, Anna?
Anna: Ja, natürlich, sie gefällt mir!
Herr Fischer: Wie schön!

6 Unterstreichen Sie im Text alle Informationen über die Wohnung.

a) Was gibt es in der Wohnung? Kennzeichnen Sie so: _ _ _ _
b) Wie finden die beiden die Wohnung? Kennzeichnen Sie so: _____

das Bad, die Bäder
das WC
die Küche, die Küchen
stellen
dieser, diese, dieses

der Raum, die Räume
der erste
das Schrankbett
die Heizung

7 Was können Sie jetzt über diese Wohnung sagen?

	ja	nein
1a)		
1b)		
1c)		
2.		
3.		
4.		
5.		
6.		
7.		
8.		

1. Die Wohnung hat
   a) 3 Zimmer
   b) 2 Zimmer und Bad
   c) 2 Zimmer, Küche und Bad mit WC.
2. Hat die Wohnung ein Bad?
3. Ist die Küche groß?
4. Gibt es in der Küche einen Eßtisch?
5. Anna gefällt das größere Zimmer.
6. Die Wohnung kostet 600 Mark, inclusive Heizung.
7. Die Wohnung ist zu teuer.
8. Die Wohnung gefällt Anna und Sabine sehr.

8 Das ist die neue Wohnung von Sabine und Anna.

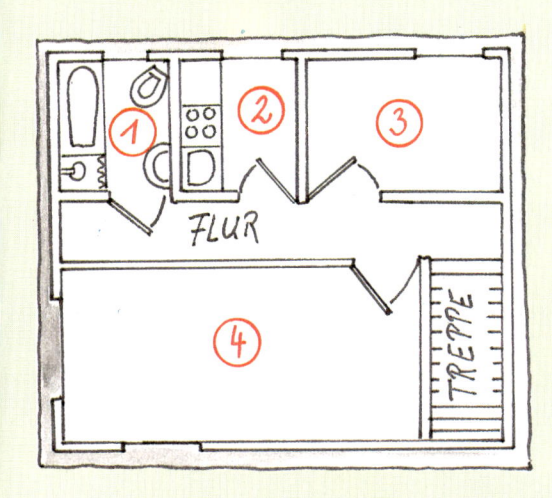

Wo ist ...

a) Annas Zimmer?   Nr. _____

b) Sabines Zimmer?   Nr. _____

c) das Bad?   Nr. _____

d) die Küche?   Nr. _____

e) das WC?   Nr. _____

Studenten in einer Wohngemeinschaft

10 Lösungsschlüssel

1 Der Himmel ist blau …
die Sonne ist warm …
und diese Wolke ist groß …
und die andere Wolke ist klein …
und die Blumen hier sind rot …
Herrlich! Nicht wahr?

Max:	Schau mal, Melanie! Der blaue Himmel!
Melanie:	Und die warme Sonne!
Max:	Und die große Wolke!
Melanie:	Und diese kleine Wolke!
Max:	Schau, die roten Blumen!
Melanie:	Das ist der herrliche Sommer!

2 Max: Schau mal Melanie,
das Sofa da ist schön.
Das gefällt mir!
Melanie: Das gefällt dir?
Das Sofa ist zu neu.
Max: Möchtest du denn ein altes Sofa?
Melanie: Ja! Das ist auch zu klein.
Ich möchte ein großes.
Max: Aber …
Melanie: Schau Max, das Sofa da ist alt.
Es ist größer und schöner als das neue Sofa.
Und es ist auch am billigsten.
Das nehmen wir!
Max: Aber …
das Sofa hier ist doch auch schön!
… das Sofa ist zu alt!
… ich möchte ein neues Sofa!
… wir brauchen kein großes Sofa!

3 a) Es ist schön.   b) Es ist zu neu.   c) Es ist alt, es ist größer und schöner als das neue, es ist am billigsten.   d) Nein.

4 Amelie: Wohin kommt der große Schrank?
Max: Neben das Sofa!
Amelie: Und wohin kommt der Eßtisch?
Max: In die Mitte.
Und wohin kommt der Teppich?
Amelie: Unter den Tisch natürlich!
Max: Und das Bett? Wohin kommt das?
Amelie: Das Bett kommt in die Ecke.
Max: Das gefällt mir!
Jetzt haben wir eine schöne Wohnung!

5

1	2	3	4	5	6
b	c	a	d	f	e

7

1	2	3	4	5	6	7	8
c	ja	nein	nein	nein	ja	nein	ja

8

a	b	c	d	e
Nr. 3	Nr. 4	Nr. 1	Nr. 2	Nr. 1

6 a Das ist das große Zimmer.
Das ist das Bad mit WC.
Und das ist die Küche.
Hier in die Ecke können Sie noch einen Eßtisch stellen.
Hier, ein Schrankbett.

b Der Raum ist sehr groß!
Die (Küche) ist aber klein.
Dieses Zimmer ist kleiner.
Er (der Raum) ist kleiner als der erste.
Das (Schrankbett) ist praktisch.
Ich finde dieses Zimmer am schönsten.
Das ist nicht zu teuer.

Wir warten auf das Gespräch

11

Max:	Martin! Wo bist du?
Martin:	Ich bin hier!
	Aber ihr seid nicht hier.
	Wo seid ihr?
Melanie:	Wir sind hier!
Martin:	Nein, ihr seid nicht da!
	Wo seid ihr?
Max:	Wir – Melanie und ich – sind hier!
	Wo bist du, Martin?
Martin:	Ich bin hier!
	Ich finde euch nicht.
	Wo seid ihr?
Melanie:	Hier! Hier sind wir!
Martin:	Na endlich!
	Da seid ihr ja!

1 *Im obigen Gespräch geht es darum, wo jemand ist.*
Suchen Sie die entsprechenden Stellen im Text und unterstreichen Sie sie.

2 *Ergänzen Sie.*

Max fragt Martin: Wo _____ du?

Martin sagt: Ich _____ hier.

Martin fragt Max und Melanie: Wo _____ ihr?

Max und Melanie sagen: Wir _____ hier.

s. S. 166

11

Dieses Mal wollen Max und Melanie ein Haus kaufen.
Aber Max ist mit Melanies Wahl nicht zufrieden ...

Melanie: Schau, Max! Das Haus ist schön! Das möchte ich.
Max: Nein! Ich bin dagegen!
Melanie: Warum denn?
Max: Es gefällt mir nicht.
Melanie: Aber ich bin dafür, Max!
Max: Nein, Melanie! Es ist zu teuer!

Ich bin **für** das Haus.
Ich bin **dafür**.

Ich bin **gegen** das Haus.
Ich bin **dagegen**.

3 Dafür oder dagegen?

Melanie hat sich für ein Haus entschieden. Wie sagt sie das?

a) _____

b) _____

c) _____

Max ist nicht damit zufrieden. Wie sagt er das?

a) _____

b) _____

c) _____

70

11

Max soll im Fernsehstudio über sein Hobby sprechen: über Briefmarken.

Melanie:	Das ist Herr Meier. Er möchte jetzt über Briefmarken sprechen.
Max:	Herrlich! Diese Briefmarken! Herrlich!
Melanie:	Sprechen Sie nun bitte, Herr Meier!
Max:	Worüber denn?
Melanie:	Nun, über die Briefmarken!
Max:	Ach so, darüber!
Melanie:	Herr Meier, wir warten!
Max:	Worauf warten Sie denn?
Melanie:	Auf das Gespräch!
Max:	Moment, ich bitte noch um etwas Geduld.

4 a) Wie war das Ende der Fernsehsendung?

①
Melanie:	Tut mir leid! Wir können nicht mehr warten. Jetzt spreche ich ...
Max:	Nein, es ist zu spät.
Melanie:	Aber ich möchte doch ...
Max:	Die Zeit ist leider um.
Melanie:	Ja, aber diese Briefmarken sind ...
Max:	

②
Melanie:	Tut mir leid, Herr Meier! Jetzt können Sie nicht mehr sprechen. Die Zeit ist um.

③
Max:	Meine Damen und Herren! Ich spreche heute über Briefmarken. Also, diese Briefmarken hier sind sehr schön. Sie sind sehr alt und teuer. Ich möchte Ihnen, ...

b) Worüber möchte Max sprechen? _____

c) Worauf wartet Melanie? _____

d) Worum bittet Max? _____

11

In Heidis Firma ist heute Betriebsversammlung. Es geht um den Urlaub. Vorher trifft Heidi ihre Freundin Renate in der Montagehalle.

Heidi:	Grüß dich, Renate. Das war ein Stau heute!
Renate:	Stau oder nicht Stau – du kommst doch immer zu spät!
Betriebsrat:	Wie spät ist es?
Heidi:	Halb zehn.
Betriebsrat:	Um 10 Uhr ist Betriebsversammlung.
Heidi:	Worüber reden wir heute?
Renate:	Wir wollen über den Urlaub reden.
Heidi:	Ach so, darüber! Ich bin für Urlaub im Sommer – und du?
Renate:	Ich bin für Winterurlaub.
Heidi:	Was? – Du bist gegen Sommerurlaub?
Renate:	Ja, ich bin dagegen.

5 Erzählen Sie die Geschichte.

1) _____ wartet auf _____
2) _____ zu spät
3) 10 Uhr
4) _____ über Urlaub
5) _____ für Sommerurlaub
6) Renate _____

der Betriebsrat, die Betriebsräte
die Betriebsversammlung, die -versammlungen
der Urlaub
immer

reden über
der Sommer, die Sommer
der Winter, die Winter

* Betriebsrat: Er vertritt die Interessen der Arbeitnehmer in einem Betrieb.
Arbeitgeber und Betriebsrat sollen zum Wohl des Betriebs vertrauensvoll zusammenarbeiten.

11

Betriebsrat: Und wer ist für Winterurlaub?
Frau Riedel, ich bitte um Ihre Meinung!
Sind Sie dafür oder sind Sie dagegen?
Heidi: Wie bitte? - Dafür? - Ja, ich bin dafür!
Renate: Aber Heidi, du bist doch dagegen!
Betriebsrat: Was denn nun? Dafür - oder dagegen?
Heidi: Ich bin dagegen!
Betriebsrat: Also wer ist für Urlaub im Winter?
Renate: Und der Betriebsrat?
Betriebsrat: Ihr seid alle für Sommerurlaub!
Ich bin dagegen - aber gut!
Machen wir Urlaub im Sommer!

Wer ist	für Sommerurlaub?	für Winterurlaub?
Renate		
Heidi		
Betriebsrat		

die Meinung, die Meinungen
alle

Lösungsschlüssel

1 Max: Martin! Wo bist du?
Martin: Ich bin hier!
Aber ihr seid nicht hier.
Wo seid ihr?
Melanie: Wir sind hier!
Martin: Nein, ihr seid nicht da!
Wo seid ihr?
Max: Wir – Melanie und ich – sind hier!
Wo bist du, Martin?
Martin: Ich bin hier!
Ich finde euch nicht.
Wo seid ihr?
Melanie: Hier! Hier sind wir!
Martin: Na endlich!
Da seid ihr ja!

2 Wo bist du?
Ich bin hier.
Wo seid ihr?
Wir sind hier.

3 Melanie: Schau, Max! Das Haus ist schön!
Das möchte ich.
Max: Nein! Ich bin dagegen!
Melanie: Warum denn?
Max: Es gefällt mir nicht.
Melanie: Aber ich bin dafür, Max!
Max: Nein, Melanie! Es ist zu teuer!

Melanie: a) Das Haus ist schön. Max: a) Nein! Ich bin dagegen!
b) Das möchte ich. b) Es gefällt mir nicht.
c) Aber ich bin dafür. c) Nein! Es ist zu teuer!

4 Melanie: Das ist Herr Meier. Er möchte jetzt über Briefmarken sprechen.
Max: Herrlich! Diese Briefmarken! Herrlich!
Melanie: Sprechen Sie nun bitte, Herr Meier!
Max: Worüber denn?
Melanie: Nun, über die Briefmarken!
Max: Ach so, darüber!
Melanie: Herr Meier, wir warten!
Max: Worauf warten Sie denn?
Melanie: Auf das Gespräch!
Max: Moment, ich bitte noch um etwas Geduld.

a) Lösung Nr. 2 – b) Über die Briefmarken – c) Auf das Gespräch – d) Um etwas Geduld

5 1) Renate wartet auf Heidi.
2) Heidi kommt zu spät.
3) Um 10 Uhr ist Betriebsversammlung.
4) Sie wollen über (den) Urlaub sprechen.
5) Heidi ist für Sommerurlaub.
6) Renate ist dagegen.

6 Renate ist für Winterurlaub.
Heidi ist für Sommerurlaub.
Der Betriebsrat ist für Winterurlaub.

Wäre das möglich?

12

Melanie sucht einen Lebenspartner.

Max:	Bitte?
Melanie:	Also ... Ich möchte heiraten.
	Ich hätte gerne einen Mann.
Max:	Schön, das ist möglich.
	Sehen Sie: Diese Männer möchten auch heiraten.
Melanie:	Oh ... Ich hätte aber lieber einen jungen Mann. Wäre das möglich?
Max:	Selbstverständlich!
	Hier ist ein junger und – attraktiver Mann. Wäre das möglich?
Melanie:	Oh ja, das wäre prima.

1 Melanie möchte einen Lebenspartner. Wie sagt sie das? Und wie fragt sie, ob ihr Wunsch realisierbar ist? Unterstreichen Sie die entsprechenden Sätze.

2 Wer ist der junge Mann? ☐ Max ☐ Martin ☐ Hannes

3 Schreiben Sie.

a) Wie äußert Melanie ihren Wunsch?

b) Wie fragt Melanie, ob das geht?

s. S. 168

12

PARTNERVERMITTLUNG

Harmonia

EXCLUSIVES EHE-INSTITUT

Marktplatz 1, 8580 Bayreuth
Tel. 09 21 - 2 70 78

Täglich von 14 – 19 Uhr
auch Sa./So.

4 Wenn Sie Lust haben, an unserem Partnervermittlungsspiel teilzunehmen, dann ergänzen Sie.

△ Partnervermittlung Harmonia.
   Guten Tag!

○ Guten Tag, mein Name ist _____.

△ Guten Tag, Herr/Frau _____.

○ Also, _____.

△ Was für einen Typ suchen Sie denn?

○ _____.
   _____?

△ Natürlich ist das möglich!
   Dafür sind wir da.
   Kommen Sie doch morgen in unser Büro.

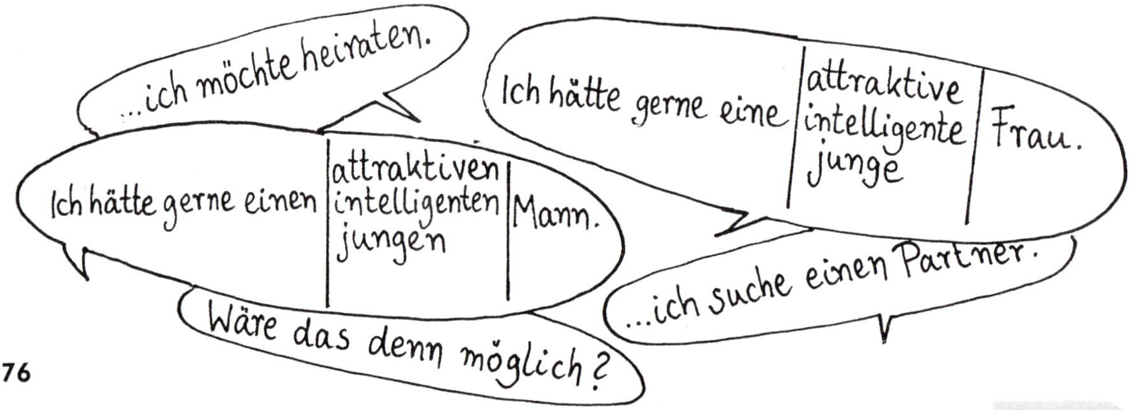

...ich möchte heiraten.

Ich hätte gerne eine | attraktive / intelligente / junge | Frau.

Ich hätte gerne einen | attraktiven / intelligenten / jungen | Mann.

...ich suche einen Partner.

Wäre das denn möglich?

76

s. S. 170

12

Max hat Pech mit seinem Essen: Die Wurst ist viel zu klein, und das Getränk ist ungenießbar.

Melanie: Was hätten Sie gerne?
Max: Etwas zu essen! Egal was!
Melanie: Etwas zu essen! Egal was?
Max: Ja, und etwas zu trinken!
Melanie: Etwas zu trinken: egal was?
Max: Ja, egal was!
Melanie: Bitte sehr: etwas zu essen und zu trinken! Egal was!

Was meinen Sie? Was hat Max bei seiner Bestellung falsch gemacht?

Bestellen Sie jetzt bitte „Ihr" Essen und machen Sie es besser.

○ Was hätten Sie gerne?
△ Ich hätte gerne einen Hering.
○ Und was zu trinken?
△ Ich möchte ein Bier und einen Schnaps.
○ Bitte sehr: den Hering, ein Bier und einen Schnaps.

Machen Sie ähnliche Dialoge:

Speisen:

die { Tomatensuppe 5,50 DM
Gulaschsuppe 3,50 DM
Champignoncremesuppe 3,20 DM

das { Wiener Schnitzel 18,— DM
Kalbsfrikassee 17,50 DM
Kalbsschnitzel 20,50 DM

der { Hering 12,— DM
Seebarsch 17,— DM
die { Seezunge 26,— DM

Getränke:

die { Limonade 2,50 DM
Milch 2,— DM

das { Mineralwasser 1,90 DM
Bier 2,— DM

der { Schnaps 3,70 DM
Kognak 3,70 DM
Dornkaat 2,90 DM
Wein 5,50 DM

s. S. 29

12

(a) „Wer schickt mir denn diesen Blumenstrauß?"

(b) „Ich hätte gerne das Steak mit Champignons und einen trockenen Wein."

(c) „Ich habe auch Geburtstag, und ich habe Ihre Geschenke bekommen."

(d) „Hannes! – Wer ist denn Hannes?"

7 Petra hat Geburtstag und feiert mit ihrer Freundin im Restaurant. Was ist dann passiert? Ordnen Sie die Fotos und schreiben Sie die Buchstaben in die Kästchen.

	1	2	3	4
Foto				

8 Warum bringt Petra die Rosen an den anderen Tisch?

☐ Petra findet die Rosen nicht schön.
☐ Die Rosen waren nicht für Petra.
☐ Petra hat zu viele Blumen.

schicken
der Blumenstrauß, die Blumensträuße
der Geburtstag, die Geburtstage

12

Beate: Ich hätte jetzt gerne etwas zu essen. Du nicht?
Petra: Doch ... ich habe großen Hunger.
Beate: Wie wäre es mit einem Steak?
Petra: Ich hätte lieber Fisch.
Beate: Hier - wie wäre das? Seezunge mit Petersilie und Remoulade?
Petra: Ja, das nehme ich.
Beate: Herr Ober ... Ich hätte gern das Steak, und meine Freundin nimmt die Seezunge.
Ober: Bitte sehr! Und zu trinken?
Petra: Zu trinken ... Ich hätte gern einen trockenen Weißwein ...
Beate: Ich auch.

**Beate und Petra möchten etwas essen. Wie sagen sie das?
Wie machen sie Vorschläge? Wie bestellen sie?
Suchen Sie die Sätze im Text und schreiben Sie.**

a) einen Wunsch äußern:

___

b) Vorschläge machen:

___

c) bestellen:

___

Und zum guten Schluß: Machen Sie den beiden die Rechnung.

Speisekarte	
Wiener Schnitzel	18,— DM
Kalbsschnitzel	20,— DM
Steak mit Champignons	24,50 DM
Hering in Sahne	12,— DM
Seezunge	26,— DM
Weißwein, ¼ Liter	6,— DM

der Hunger
der Fisch

79

Lösungsschlüssel

1 Max: Bitte?
Melanie: Also ... <u>Ich möchte heiraten.</u>
<u>Ich hätte gerne einen Mann.</u>
Max: Schön, das ist möglich!
Sehen Sie: Diese Männer möchten auch heiraten.
Melanie: Oh ... <u>Ich hätte aber lieber einen jungen Mann.</u>
<u>Wäre das möglich?</u>
Max: Selbstverständlich!
Hier ist ein junger und – attraktiver Mann.
Wäre das möglich?
Melanie: Oh ja, das wäre prima!

2 Max.

3 a) Ich möchte (heiraten). – Ich hätte gern (einen Mann). – Ich hätte aber lieber (einen jungen Mann).   b) Wäre das möglich?

4 △ Partnervermittlung Harmonie *(Agentur für Leute, die heiraten möchten)*
○ Guten Tag, mein Name ist ...
△ Guten Tag, Herr/Frau ...
○ Also, ich möchte heiraten. / ... (ich suche einen Partner).
△ Was für einen Typ suchen Sie denn?
○ Ich hätte gerne einen attraktiven (jungen, intelligenten) Mann. / ... eine intelligente (junge, attraktive) Frau.
   Wäre das möglich?

5 *Max hat keine klare Entscheidung getroffen.*

Melanie: Was hätten Sie gerne?
Max: Etwas zu essen! Egal was!
Melanie: Etwas zu essen! Egal was!
Max: Ja, und etwas zu trinken!
Melanie: Etwas zu trinken: egal was?
Max: Ja, egal was!
Melanie: Bitte sehr: etwas zu essen und zu trinken!
Egal was!

6 Speisen: die Tomatensuppe
die Gulaschsuppe
die Champignoncremesuppe
das Wiener Schnitzel
das Kalbsfrikassee
das Kalbsschnitzel
der Hering
der Seebarsch
die Seezunge

Getränke: die Limonade
die Milch
das Mineralwasser
das Bier
der Dornkaat
der Schnaps
der Kognak
der Wein

7

	1	2	3	4
Foto	a	b	d	c

8 Die Rosen waren nicht für Petra.

9 a) – Ich hätte jetzt gerne etwas zu essen.
– Ich hätte lieber Fisch.
b) – Hier – wie wäre das? Seezunge mit ...
– Wie wäre es mit einem Steak?
c) Ich hätte gern das Steak, und meine
Freundin nimmt die Seezunge.
Ich hätte gerne einen trockenen Weißwein.

10 1 Steak mit Champignons   24,50 DM
1 Seezunge   26,— DM
2 Weißwein   12,— DM
   ——————
   62,50 DM

Es wird bald regnen

1 **Wie sagt Melanie das Wetter voraus?**

Es wird bald regnen.

Es wird ein Gewitter geben.

... es wird bald regnen.

Max: Puh ... ist das ein heißer Tag heute!

Melanie: Stimmt! Aber _____.

Max: Regnen? Es ist doch heiß!

Melanie: Ja, aber zu heiß! _____

Max: Ein Gewitter? Die Sonne scheint doch! Es wird nicht regnen.

Melanie: Doch! _____.

2 **Melanie und Max treffen sich an einem Sommertag. Wie ist das Wetter?**

☐ Es ist schön. ☐ Es regnet. ☐ Es ist schlecht.

3 **Wer sagt was voraus? Wie wird das Wetter?**

Max Melanie

☐ ☐ ☐ ☐

4 **Wer behält recht?**

☐ Max ☐ Melanie

81

s. S. 168

13

5 *Melanie hat die Arbeit gewechselt und kommt an ihren neuen Arbeitsplatz.*

Melanie:	Ich hoffe, daß ich hier richtig bin.
	Sie sind doch der Direktor?
Max:	Ja, bin ich. Guten Tag.
Melanie:	Tag.
	Ich bin die neue Sekretärin.
	Ist das hier mein Schreibtisch?
Max:	Nein, nein – das hier ist Ihr Schreibtisch.
	So, ich hoffe, daß es Ihnen bei uns gefällt.
Melanie:	Das hoffe ich auch. Danke.

Wie geht diese nicht ganz ernsthafte Geschichte weiter? Erinnern Sie sich?

a) ☐ Melanie gefällt die neue Stelle sehr gut.
b) ☐ Sie und ihr Chef haben verschiedene Vorstellungen von Arbeit.
c) ☐ Melanie geht wieder, weil sie im Lotto gewonnen hat.
d) ☐ Sie verdient nicht genug Geld.

13

BJ BERLIN-JOURNAL sucht
Redakteur/Redakteurin
Nehmen Sie bitte Kontakt auf mit Frau Dr. Klose!
Telefon 030/43 56 19, Drewitzer Straße 10,
1000 Berlin 28

PROGRAMMIERER/ PROGRAMMIERERIN
SYS Möchten Sie in einem progressiven, dynamischen Team arbeiten?
Dann kommen Sie zu uns!
SYSTEM-SOFT
Rufen Sie bitte Herrn Wegner an!
Telefon 834-7205

Mitarbeiter/in
für die Verwaltung.
Die Vergütung erfolgt entsprechend den Arbeitsbedingungen des DRK (ähnlich BAT). Die Sozialleistungen werden in Anlehnung an die Regelungen des öffentlichen Dienstes gewährt. Schriftl. Bewerbungen mit tab. Lebenslauf, Zeugnissen und Lichtbild erbeten an:
Krankenanstalt Rotes Kreuz, Nymphenburger Str. 163, 8000 München 19.

TEILZEITSEKRETÄRIN
zum 1.7.1988 für nachmittags mit guten Englischkenntnissen

6 Sie haben eine der Stellen bekommen und kommen an Ihren neuen Arbeitsplatz. Schreiben Sie den Dialog.

○ _____.

   Sie sind doch Herr/Frau _____?

△ Ja, bin ich. Guten Tag!

○ Guten Tag, ich heiße _____

   _____.

△ Schön! Kommen Sie, ich zeige Ihnen Ihren neuen Arbeitsplatz.

○ Danke!

Ich hoffe, daß ich hier richtig bin!

Ich bin der neue Redakteur.

Ich bin die neue Redakteurin.

Berufe

♂
Redakteur
Programmierer
Lehrer
Arzt
Verkäufer
Geiger
Therapeut

♀
Redakteurin
Programmiererin
Lehrerin
Ärztin
Verkäuferin
Geigerin
Therapeutin

13

Melanie:

— Du wirst _____ _____ !

　Du wirst nie _____ _____ _____ !

— Bitte Max!

　Nicht so laut!

　Du wirst _____ _____ !

— Max! Dein Spiel ist schön!

　Du, es wird _____ _____ !

　Max, Du wirst doch _____ _____ _____ !

(immer schlechter)　*(immer lauter)*　*(immer schöner)*

(ein guter Geiger)　*(ein großer Geiger)*

7 Ergänzen Sie, was Melanie zu Max' Geigenspiel sagt.

8 Unterstreichen Sie alle Formen von „werden" (z. B. „wirst") und übersetzen Sie diese in Ihre Muttersprache.

84

13

In einer Bremer Autofabrik erlebt Dieter Rixner eine Überraschung.

9 Welcher Szenentitel paßt zu welchem Gespräch? Ordnen Sie.

1. Eva Rake bekommt den Parkplatz von Dieter Rixner.
2. Dieter Rixner spricht mit einem Kollegen über ein Problem.
3. Dieter Rixner bekommt ein Paket.
4. Die Kollegen sind neugierig auf das Paket.
5. Eva Rake nimmt den Parkplatz nicht.
6. Eva Rake dankt für den Parkplatz mit einem Geschenk.

a)
- *Rixner:* Was kann denn in dem Paket sein?
- *Kollege:* Jetzt wird es spannend!
- *Kollegin:* Wir werden immer neugieriger!
- *Kollege:* Ich hoffe, daß etwas sehr Schönes darin ist.

b)
- *Rixner:* Was ist denn das?
- *Kollege:* Das hat mir eben die Sekretärin vom Chef gegeben.

c)
- *Rixner:* Habt ihr den Fehler gestern gefunden?
- *Kollege:* Ja. Alles in Ordnung.

1	2	3	4	5	6

10 Welcher Szenentitel ist falsch? ☐

bekommen
neugierig sein auf
spannend

85

13

D. Rixner: Was ist denn das?
Herr Brechtel: Das hat mir eben die Sekretärin vom Chef gegeben.
Das ist für Sie!
D. Rixner: Für mich? Wieso denn für mich?
Das ist sicher ein Irrtum! ...
Frau Heese: Nein, nein, kein Irrtum ...
Machen Sie doch endlich auf!
D. Rixner: O.K., ich werde es gleich aufmachen!
Herr Brechtel: Wir werden immer neugieriger ...
Frau Heese: Jetzt wird es spannend!
Herr Brechtel: Ich hoffe, daß etwas Schönes für Sie darin ist.

11 Das Verb „werden" hat hier verschiedene Bedeutungen.
Schreiben Sie dementsprechend die Sätze mit „werden" in die Tabelle.

a) Zukunft:

Ich werde gleich kommen.

b) Veränderung:

Ich werde neugierig.

12 Wie finden Sie die Idee mit dem Mini-Auto?

prima ☐   gut ☐   schlecht ☐

die Sekretärin, die Sekretärinnen
der Irrtum, die Irrtümer

86

Lösungsschlüssel

1 Max: Puh ... ist das ein heißer Tag heute!
Melanie: Stimmt! Aber es wird bald regnen!
Max: Regnen? Es ist doch heiß!
Melanie: Ja, aber zu heiß! Es wird ein Gewitter geben.
Max: Ein Gewitter? Die Sonne scheint doch!
Es wird nicht regnen.
Melanie: Doch! Es wird bald regnen.

2 Es ist schön.

3 Max: ☒ ☀ Melanie: ☒ 🌧

4 Melanie

5 Melanie: Ich hoffe, daß ich hier richtig bin.
Sie sind doch der Direktor?
Max: Ja, bin ich. Guten Tag.
Melanie: Tag. Ich bin die neue Sekretärin.
Ist das hier mein Schreibtisch?
Max: Nein, nein – das hier ist Ihr Schreibtisch.
So, ich hoffe, daß es Ihnen bei uns gefällt.
Melanie: Das hoffe ich auch. Danke.

Melanie und ihr Chef haben verschiedene Vorstellungen von Arbeit.

6 ○ Ich hoffe, daß ich hier richtig bin.
Sie sind doch Herr/Frau ...
△ Ja, bin ich. Guten Tag.
○ Guten Tag. Ich heiße ...
Ich bin der/die neue Redakteur/Redakteurin.
△ Schön! Kommen Sie, ich zeige Ihnen Ihren neuen Arbeitsplatz.
○ Danke.

7/8 Melanie: Du <u>wirst</u> immer schlechter!
Du <u>wirst</u> nie ein guter Geiger!
Bitte Max! Nicht so laut!
Du <u>wirst</u> immer lauter!
Max! Dein Spiel ist schön!
Du, es <u>wird</u> immer schöner!
Max – Du <u>wirst</u> doch ein großer Geiger!

9

1	2	3	4	5	6
–	c	b	a	–	–

10 Nr. 5

11 a) Ich werde es gleich aufmachen.
b) Wir werden immmer neugieriger.
Jetzt wird es spannend!

14 Würden Sie mir bitte helfen?

Max möchte aus der Bibliothek ein Buch holen.

Martin: Würdest du bitte die Tür schließen, Max? Danke.

...

Max: Würden Sie mir bitte das Buch dort geben?
Amelie: Ja, ich hole es Ihnen.
Würden Sie mir bitte helfen?
Max: Ich würde Ihnen gerne helfen. Nur – wie?
Amelie: Helfen Sie mir!

1 Unterstreichen Sie im Dialog alle Formen mit „würde" + Infinitiv.

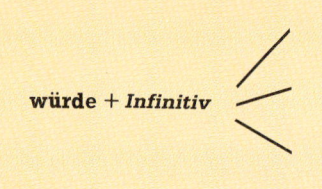

würde + Infinitiv
- *Rat*
  Ich würde das rote Kleid nehmen.
- *Wunsch*
  Ich würde gerne nach Frankfurt fliegen.
- *höfliche Bitte*
  Würden Sie mir bitte den Schlüssel geben?

2 Welche Funktion hat „würde" + Infinitiv in den Sätzen im Dialog? Schreiben Sie Ihre Ergebnisse in die Tabelle.

Funktion		
Beispiele		

14

3 Max und Amelie sind genau ein Jahr verheiratet. Was schenken sie sich?

1. Welches Geschenk hat Max für Amelie? _____
2. Welches Geschenk hat Amelie für Max? _____
3. Gefällt Max das Geschenk? _____
4. Gefällt Amelie das Geschenk? _____
5. Wer nimmt den Hut? _____
6. Wer nimmt die Kette? _____
7. Welches Geschenk haben sie noch gekauft? _____

4 Ergänzen Sie.

Max:

Nun sind wir ein Jahr verheiratet.

Ich habe ein Geschenk für dich.

Ja. Gefällt dir der Hut nicht?

Eine Kette? Für mich? Das gefällt mir nicht!

O. k., nimm die Kette!

Ich _____.

Amelie:

Ja, _____.

Oh! Ein _____! Für mich?

_____!

Oh, dann _____.

Gut, und du?

Hut? | Nein! | ...nehme den Hut. | ...nehme ich die Kette. | ...das müssen wir feiern.

89

14

5 *Sagen Sie es anders. Schreiben Sie die Bitten aus dem Dialog im Imperativ.*
(Die Bitte mit „würde" ist vorsichtiger als die direkte Imperativform.)

Martin: <u>Würdest du bitte die Tür schließen, Max?</u>
Danke!
Max: <u>Würden Sie mir bitte das Buch dort geben?</u>
Amelie: Ja, ich hole es Ihnen.
<u>Würden Sie mir bitte helfen?</u>
Max: Ja, nur wie? Peter und Martin, <u>würdet ihr bitte auch helfen?</u>

Beispiel: <u>Würdest du bitte die Tür schließen?</u>

Schließ bitte die Tür.

Infinitiv	Imperativ		
	„Sie"	„du"	„ihr"
machen	machen Sie!	mach!	macht!
geben	geben Sie!	gib!	gebt!

Österreich

14

91

14

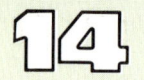

Eine Familie ist auf der Urlaubsreise in Salzburg angekommen. Sie kennen die Stadt noch nicht und orientieren sich mit Hilfe eines Stadtplans.

Salzburg
① Salzach
② Getreidegasse
③ Mozarthaus
④ Schloß Mirabell

6 Ergänzen Sie die fehlenden Ortsangaben.

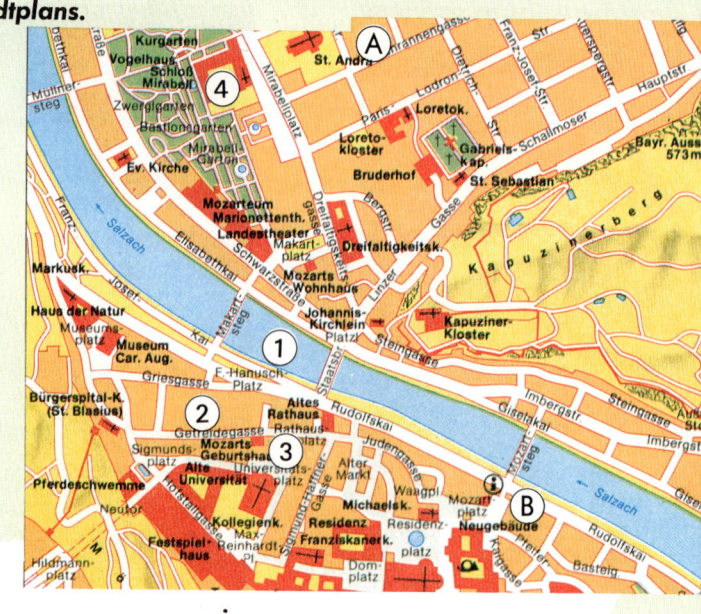

Mutter: Das ist die ① _____.

Christine: Seht mal, eine Brücke – nur für Fußgänger!

Mutter: Salzburg – ach, ist das herrlich hier!

Vater: Kommt, laßt uns gehen!

Fabian: Wohin?

Oliver: (Oliver nimmt den Stadtplan.)

Auf der anderen Seite ist das Schloß ④ _____

Das ist die Altstadt mit der ② _____.

Vater: Ja, da würde ich gerne Fotos machen.

Oliver: Ich würde lieber erst essen gehen.

Fabian: Und ich möchte das ③ _____ sehen.

Mutter: Kommt jetzt, sonst stehen wir um zwölf noch hier!

7 Wo ist die Familie?   ☐ Standort A   ☐ Standort B

die Stunde, die Stunden
durch
die Stadt, die Städte
die Brücke, die Brücken
der Fußgänger, die Fußgänger

laßt uns gehen!
auf der anderen Seite
sonst
stehen
um zwölf

14

Jeder in der Familie hat andere Wünsche. Wer sagt was? Ordnen Sie.

1. Oliver hat Hunger und möche sofort essen gehen.
2. Fabian ist Individualist. Er möchte lieber allein gehen.
3. Christine möchte mit ihrem Vater gehen.
4. Papa muß alles fotografieren.
5. Mutter möchte zuerst in die Stadt und dann mit der Familie essen gehen.

a) "Ich würde lieber allein losgehen!"

b) "Wir könnten uns die Stadt anschauen und dann essen gehen."

c) "Ja, da würde ich gerne Fotos machen!"

d) "Ich würde lieber zuerst essen gehen!"

e) "Würdest du mich mitnehmen?"

1	2	3	4	5

allein
anschauen
zuerst
mitnehmen

14 Lösungsschlüssel

1 Martin: Würdest du bitte die Tür <u>schließen</u>, Max?
 Danke!
 Max: <u>Würden Sie</u> mir bitte das Buch dort <u>geben</u>?
 Amelie: Ja, ich hole es Ihnen.
 <u>Würden Sie</u> mir bitte <u>helfen</u>?
 Max: Ich <u>würde</u> Ihnen gerne <u>helfen</u>. Nur – wie?
 Amelie: Helfen Sie mir!

2 *Höfliche Bitte*   *Wunsch*
 – Würdest du bitte die Tür schließen?   – Ich würde Ihnen gerne helfen.
 – Würden Sie mir bitte das Buch dort geben?
 – Würden Sie mir bitte helfen?

3 1. einen Hut
 2. eine Kette
 3. nein
 4. nein
 5. Max
 6. Amelie
 7. Amelie: eine Uhr
     Max: einen Ring

4 Max: Nun sind wir ein Jahr verheiratet.
 Amelie: Ja, das müssen wir feiern!
 Max: Ich habe ein Geschenk für dich.
 Amelie: Oh! Ein Hut?! Für mich?
 Max: Ja. Gefällt dir der Hut nicht?
 Amelie: Nein!
 Max: Eine Kette? Für mich? Das gefällt mir nicht.
 Amelie: Oh, dann nehme ich die Kette!
 Max: O.k., nimm die Kette!
 Amelie: Gut, und du?
 Max: Ich nehme den Hut.

5 Geben Sie mir bitte das Buch dort!
 Helfen Sie mir bitte!
 Peter und Martin, helft bitte auch!

6 Mutter: Das ist die Salzach.
 Oliver: Auf der anderen Seite ist das Schloß Mirabell.
           Das ist die Altstadt mit der Getreidegasse.
 Fabian: Und ich möchte das Mozarthaus sehen.

7 *Standort B*

8

1	2	3	4	5
d	a	e	c	b

Ich weiß, was Ihnen fehlt

15

Melanie kauft sich jeden Morgen und Abend eine Zeitung bei Max.

Max:	Die Morgenzeitung! Die Morgenzeitung!	Max:	Die Abendzeitung! Die Abendzeitung!
Melanie:	Die Morgenzeitung, bitte!	Melanie:	Die Abendzeitung, bitte!
Max:	Sie lesen auch morgens immer die Zeitung?	Max:	Sie lesen immer am Abend die Zeitung?
Melanie:	Nein, am Morgen nie.	Melanie:	Nein, abends nie!

1 a) Was erfahren Sie aus den beiden Dialogen?

_____

_____

b) Wie erklären Sie sich die Situation?

_____

_____

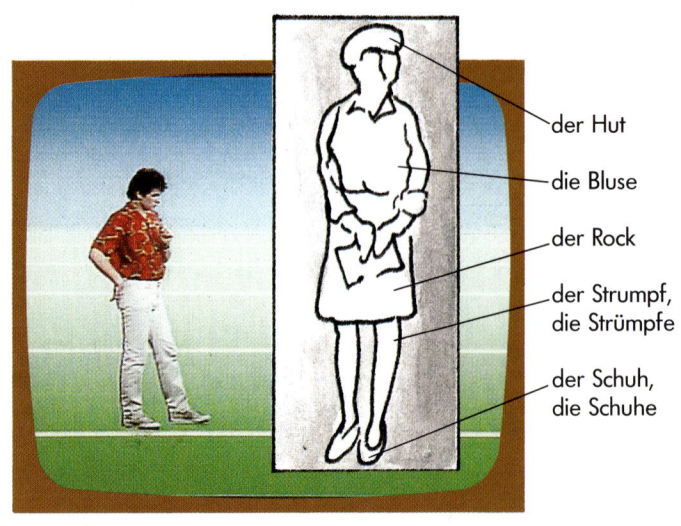

der Hut
die Bluse
der Rock
der Strumpf, die Strümpfe
der Schuh, die Schuhe

2 Was sagt Melanie dazu, wie sie heute angezogen ist?
Ergänzen Sie.

Max: Warum hast du einen grünen Hut auf?

Melanie: Weil die Bluse grün ist.

Max: Und warum ist deine Bluse grün?

Melanie: Weil _____.

Max: Und warum ist dein Rock grün?

Melanie: Weil _____.

Max: Und warum sind deine Strümpfe und deine Schuhe grün?

Melanie: Weil der Hut _____.

Der Hut ist grün, weil die Bluse grün ist.

3 Warum grün?
Antworten Sie für Melanie.

☐ weil mir grün gefällt
☐ weil grün meine Farbe ist

☐ weil grün die Farbe der Hoffnung* ist
☐ weil grün eine Sommerfarbe ist

die Farbe   rot   grün   blau   gelb   weiß   schwarz

* In allen Ländern und Kulturen haben Farben verschiedene Bedeutungen.
In Deutschland gilt grün als die Farbe der Hoffnung.

15

4 Wie fühlen Sie sich?

Ich bin glücklich,

weil ich Ferien habe.

weil _____

weil _____

weil _____

weil _____

Ich bin traurig,

weil _____

weil _____

weil _____

weil _____

weil _____

...ich viele Freunde habe.

...ich zu viel Arbeit habe.

...ich Zeit habe.

...ich keine Freunde habe.

...ich keine Ferien habe.

5 Welches Auto würden Sie kaufen?

Ich würde das Auto (nicht) kaufen,

weil _____

_____

_____

elegant   schnell   billig

komfortabel   sportlich   (nicht) zu teuer

schnell

15

Max fühlt sich nicht wohl. Amelie hat den Doktor gerufen. Er soll helfen.

6 *Ergänzen Sie den Dialog.*

Arzt: Nun, wie geht's?

Amelie: Der Doktor möchte wissen, wie *es dir geht* _____.

Arzt: Haben Sie Schmerzen?

Amelie: Der Doktor fragt, ob _____.

Arzt: Und wo haben Sie Schmerzen?

Amelie: Der Doktor fragt, wo _____.

Arzt: Haben Sie Fieber?

Amelie: Der Doktor möchte wissen, ob _____.

Max: Ich weiß nicht, ob _____.

Arzt: Oh, ich weiß, was Ihnen fehlt: frische Luft!

Amelie: Der Doktor weiß, was dir _____.

Arzt: Und hier die Rechnung!

Max: Ich glaube, jetzt bin ich wirklich krank!!

Haben Sie Schmerzen?

Ich möche wissen, ob Sie Schmerzen haben.

Wie geht es Ihnen?

Ich möchte wissen, wie es Ihnen geht.

---

7 *Warum glaubt Max, daß er nun wirklich krank ist?*

☐ weil er sich unter der Glasglocke besser gefühlt hat
☐ weil er einen Sauerstoffschock bekommen hat
☐ weil die Rechnung zu hoch ist
☐ weil der Arzt ihn mit dem Hammer auf den Kopf geschlagen hat

98

15

8 Tragen Sie bitte in die Karte die Route der Ballonfahrt ein.

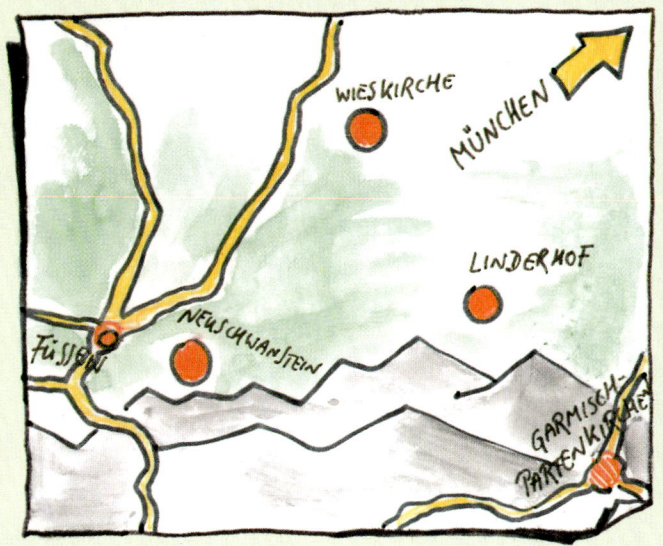

9 Die folgenden Texte können Sie jetzt schon ganz gut verstehen. Orientieren Sie sich an den Wörtern, die Sie schon kennen. Andere Wörter können Sie aus dem Kontext erraten. Welches Bild gehört zu welchem Text?

	ist eine Wallfahrtskirche und eines der schönsten Beispiele für religiöse Rokokoarchitektur. Dominikus Zimmermann hat zusammen mit seinem Bruder dieses herrliche Bauwerk 1745-54 gebaut.
	wurde 1874–78 für König Ludwig II. von Bayern gebaut. Das Schloß liegt in einem wunderschönen Park. Es imitiert den Stil von Ludwig XIV. von Frankreich.
	wurde in den Jahren 1869–86 als neuromanische Burg für König Ludwig II. von Bayern gebaut. Sie liegt phantastisch am Rande der Alpen. Hier gibt es Bilder mit Szenen aus Opern von Richard Wagner („Tannhäuser", „Parzifal", „Tristan und Isolde").

① Die Wieskirche    ② Neuschwanstein    ③ Schloß Linderhof

Lösungsschlüssel

1 a) Max verkauft die „Morgenzeitung". Melanie kauft jeden Morgen eine Zeitung, aber sie liest morgens nie Zeitung. Max verkauft auch die „Abendzeitung". Melanie kauft jeden Abend eine, aber sie liest auch abends keine Zeitung.
b) Melanie ist in Max verliebt. Außerdem möchte sie sein Gesicht genau betrachten, weil sie seinen Kopf zu Hause modelliert.

Max:	Die Morgenzeitung!
	Die Morgenzeitung!
Melanie:	Die Morgenzeitung, bitte!
Max:	Sie lesen auch morgens immer die Zeitung?
Melanie:	Nein, am Morgen nie.
Max:	Die Abendzeitung!
	Die Abendzeitung!
Melanie:	Die Abendzeitung, bitte!
Max:	Sie lesen immer am Abend die Zeitung?
Melanie:	Nein, abends nie!

2

Max:	Warum hast du einen grünen Hut auf?
Melanie:	Weil die Bluse grün ist.
Max:	Und warum ist deine Bluse grün?
Melanie:	Weil der Rock grün ist.
Max:	Und warum ist dein Rock grün?
Melanie:	Weil die Strümpfe und Schuhe grün sind.
Max:	Und warum sind deine Strümpfe und Schuhe grün?
Melanie:	Weil der Hut grün ist.

5 ... weil es schnell (billig, sportlich ...) ist.

6

Arzt:	Nun, wie geht's?
Amelie:	Der Doktor möchte wissen, wie es dir geht.
Arzt:	Haben Sie Schmerzen?
Amelie:	Der Doktor fragt, ob du Schmerzen hast.
Arzt:	Und wo haben Sie Schmerzen?
Amelie:	Der Doktor fragt, wo du Schmerzen hast.
Arzt:	Haben Sie Fieber?
Amelie:	Der Doktor möchte wissen, ob du Fieber hast.
Max:	Ich weiß nicht, ob ich Fieber habe.
Arzt:	Oh, ich weiß, was Ihnen fehlt: frische Luft!
Amelie:	Der Doktor weiß, was dir fehlt.
Arzt:	Und hier die Rechnung!
Max:	Ich glaube, jetzt bin ich wirklich krank!

7 ... weil die Rechnung zu hoch ist.

8 1. Wieskirche – 2. Schloß Linderhof – 3. Schloß Neuschwanstein

9 1. Die Wieskirche – 2. Schloß Linderhof – 3. Schloß Neuschwanstein

16

Sie ist eben noch hier gewesen

Martin und Max sind am Strand.
Martin kommt gerade vom Schwimmen zurück.

Martin: Hallo. Max!
Ich bin eben im Wasser gewesen.
Bist du auch im Wasser gewesen?
Max: Nein, ich kann nicht schwimmen.
Martin: Schade!
Wo ist Melanie?
Max: Ich weiß es nicht.
Sie ist eben noch hier gewesen.
Martin: Da kommt sie ja.
Melanie: Du kannst nicht schwimmen, Max.
Aber ich bin eben ins Meer hinaus-
geschwommen.
Max: Ich kann nicht schwimmen, aber ich
kann fliegen!
Melanie: Nein! – Das kannst du nicht!
Max: Doch!
Ich fliege jetzt über das Wasser!
Melanie: Max! Max!
Max: Na, was sagst du jetzt?
Ich bin über das Wasser geflogen!

1 Schreiben Sie in die Tabelle:

	Wer kann was?	Wer kann was nicht?	Wer hat was schon gemacht?
Martin	*Martin kann schwimmen*		
Max			
Melanie			

ich bin	gewesen	geflogen	geschwommen
du bist	gewesen		
er/sie/es ist	gewesen		

101

16

2 *Lesen und ergänzen Sie.*

Ich öffne jetzt die Tür!

Ha! Ich habe die Tür _____!

Ich rieche einen Käse!

Na bitte: ein Käse!

Ich nehme jetzt den Käse.

So, ich _____.

Ich schließe jetzt die Tür.

So, ich _____.

…geöffnet.

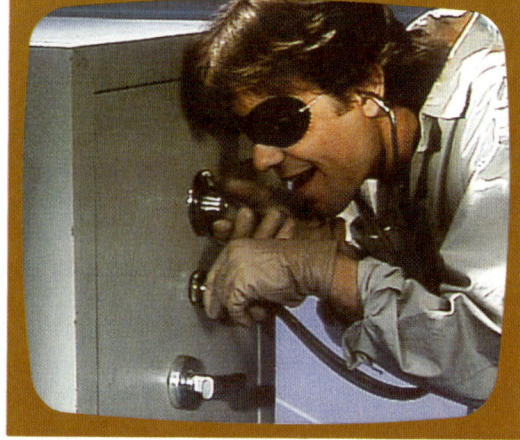

…habe den Käse genommen.   *…habe die Tür geschlossen.*

| gehen | | gegangen |
kommen	er ist	gekommen
nehmen		genommen
finden	er hat	gefunden
schließen		geschlossen
öffnen		geöffnet

Verben, die eine Bewegung oder eine Zustandsänderung ausdrücken (z. B. *gehen, werden*) bilden das Perfekt mit *sein* statt mit *haben*. Das Verb *sein* selbst bildet das Perfekt auch mit *sein*.

3 *Berichten Sie über das Erlebnis von Max.*

① der SUPERMARKT

② der Safe

③

④

⑤

⑥ hinter Gitter

① Max ist

②

③

④

⑤

⑥

102

s. S. 166, 167

16

1 *Welche Fotos passen zu welchen Szenentiteln? Ordnen Sie.*

①

②

b) Reporter Schmidt und die Neskes vor dem Europa-Center

a) Am Brandenburger Tor

c) Reporter Schmidt und die Neskes an der Berliner Mauer

③

d) Filmszene auf dem Europa-Center

1	2	3	4	5

e) In der Berliner Zeitungsredaktion

④

⑤

16

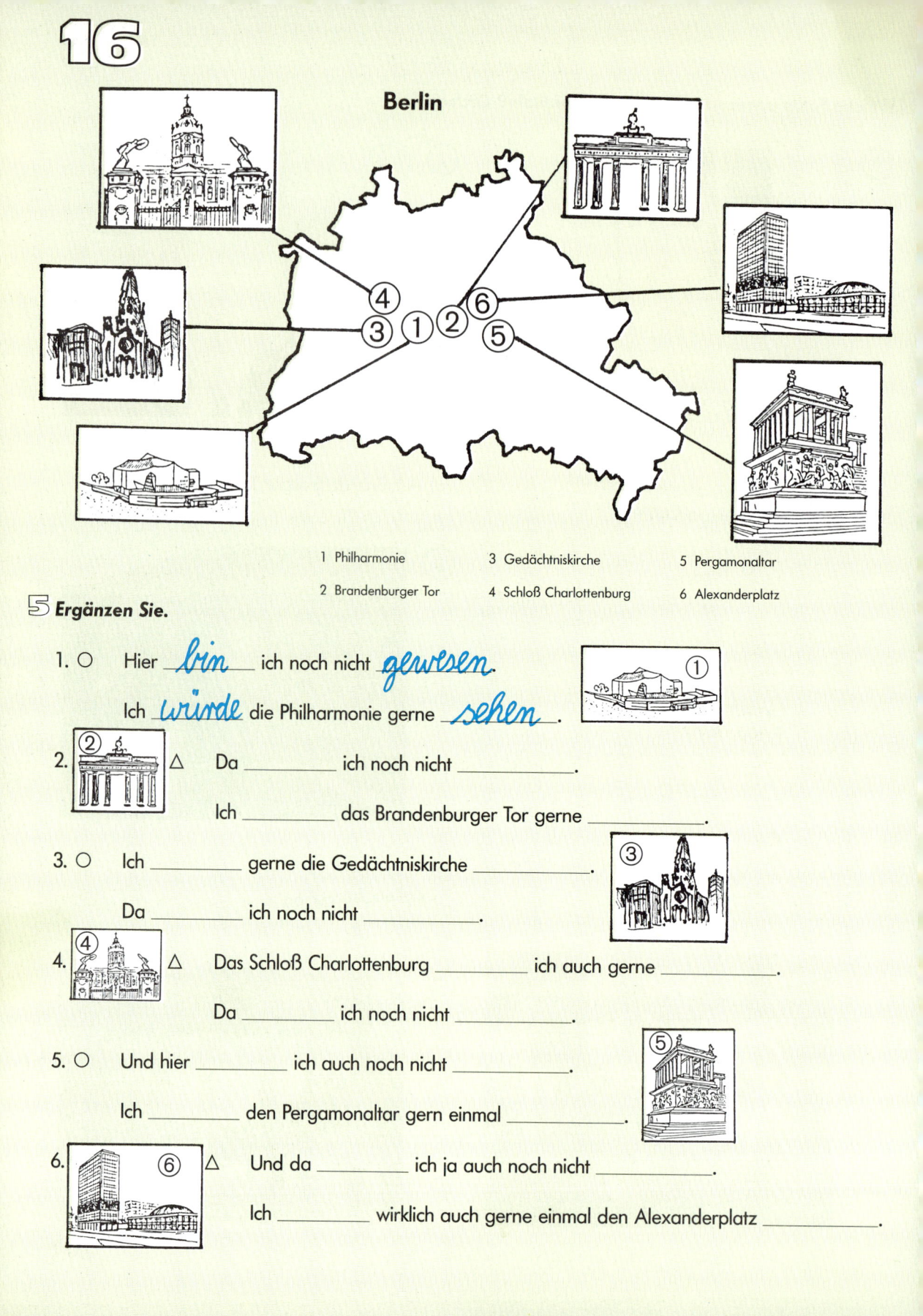

Berlin

1 Philharmonie 3 Gedächtniskirche 5 Pergamonaltar
2 Brandenburger Tor 4 Schloß Charlottenburg 6 Alexanderplatz

5 Ergänzen Sie.

1. ○ Hier _bin_ ich noch nicht _gewesen_.

   Ich _würde_ die Philharmonie gerne _sehen_.

2. △ Da _____ ich noch nicht _____.

   Ich _____ das Brandenburger Tor gerne _____.

3. ○ Ich _____ gerne die Gedächtniskirche _____.

   Da _____ ich noch nicht _____.

4. △ Das Schloß Charlottenburg _____ ich auch gerne _____.

   Da _____ ich noch nicht _____.

5. ○ Und hier _____ ich auch noch nicht _____.

   Ich _____ den Pergamonaltar gern einmal _____.

6. △ Und da _____ ich ja auch noch nicht _____.

   Ich _____ wirklich auch gerne einmal den Alexanderplatz _____.

Lösungsschlüssel

1
Martin:	Hallo. Max!	
	Ich bin eben im Wasser gewesen.	
	Bist du auch im Wasser gewesen?	
Max:	Nein, ich kann nicht schwimmen.	
Martin:	Schade!	
	Wo ist Melanie?	
Max:	Ich weiß es nicht.	
	Sie ist eben noch hier gewesen.	
Martin:	Da kommt sie ja.	
Melanie:	Du kannst nicht schwimmen, Max.	
	Aber ich bin eben ins Meer hinausgeschwommen.	
Max:	Ich kann nicht schwimmen, aber ich kann fliegen!	
Melanie:	Nein! – Das kannst du nicht!	
Max:	Doch!	
	Ich fliege jetzt über das Wasser!	
Melanie:	Max! Max!	
Max:	Na, was sagst du jetzt?	
	Ich bin über das Wasser geflogen!	

Martin	er kann schwimmen		er ist im Wasser gewesen
Max	er kann fliegen	er kann nicht schwimmen	er ist über das Wasser geflogen
Melanie	sie kann schwimmen		sie ist ins Meer hinausgeschwommen

2 Max:
Ich öffne jetzt die Tür.
Ha! Ich habe die Tür geöffnet.
Ich rieche einen Käse!
Na bitte: ein Käse!
Ich nehme jetzt den Käse.
So, ich habe den Käse genommen.
Ich schließe jetzt die Tür.
So, ich habe die Tür geschlossen.

3 1. Max ist in einen Supermarkt gegangen.
2. Er hat den Safe geöffnet.
3. Er hat kein Geld gefunden (genommen).
4. Er hat den Käse genommen.
5. Dann hat er den Safe geschlossen.
6. Und dann ist er hinter Gitter gekommen.

4
1	2	3	4	5
d	e	c	b	a

5 2. bin … gewesen / würde (möchte) … sehen – 3. würde (möchte) … sehen / bin … gewesen – 4. würde (möchte) … sehen / bin … gewesen – 5. bin … gewesen / würde (möchte) … sehen – 6. bin … gewesen / würde (möchte) … sehen.

17   *Wir könnten ins Theater gehen*

1 **Max und Melanie wissen nicht so recht, was sie tun könnten.
Übernehmen Sie bitte die Rolle von Max und machen Sie Vorschläge.**

Max: *Wir könnten in den Zirkus gehen.*

Melanie: Ich habe keine Lust!

Max: _____

Melanie: Was gibt's?

Max: _____

Melanie: Ich habe keine Lust!

Max: _____

Melanie: Was gibt's?

Max: _____

Melanie: Ich habe keine Lust!

Max: _____

Melanie: Was gibt's?

Max: _____

Melanie: Ich habe keine Lust!

Wir könnten ins Kino gehen.

Wir könnten ins Theater gehen.

Wir könnten in die Oper gehen.

"Die Zauberflöte."

Einen Heimatfilm.

"Die Räuber."

2 **Machen Sie Ihrem Partner/Ihrer Partnerin Vorschläge für den Abend.**

○   Wir könnten _____

○   Wir könnten auch _____

s. S. 168

**3 Max möchte Kuchen haben, aber er ist sehr wählerisch.
Ergänzen Sie den Dialog.**

Ich hätte gern ...

Ich hätte lieber ...

Max: Guten Tag. Ich _____ ein Stück Kuchen.

Melanie: Welchen Kuchen möchten Sie denn gern?

Max: Ich _____ davon! Oder nein:

Ich _____ davon!

Melanie: Sie möchten lieber ein Stück Erdbeerkuchen?

Max: Ja, davon hätte ich gern! Oder nein:

Ich _____ davon!

Oder nein: Ich _____ .

+	++	+++
gern	lieber	am liebsten

4 Wie hätten Sie an Melanies Stelle reagiert?

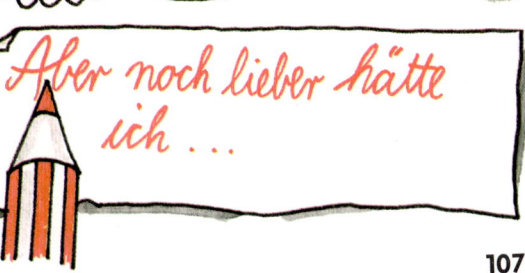

☐ Nehmen Sie selber, was Sie wollen!
☐ Möchten Sie lieber Käse?
☐ Wissen Sie denn nicht, was Sie wollen?
☐ Wollen Sie mich krank machen?
☐ Nehmen Sie endlich!

5 Hier können Sie geheime Wünsche notieren.

*Ich hätte gern ...
Ich möchte gern ...*

Aber noch lieber hätte ich ...

17

Julian hat mit seiner Frau Franziska gewettet, daß sie heute abend die Oper „Daphne" von Richard Strauß (1864–1949) sehen werden.

6 Was paßt zusammen? Ordnen Sie die Dialogteile.

① Auf der Leopoldstraße

Julian: Franziska, hättest du Lust, heute in die Oper zu gehen?

③ Im Theater

Julian: Nach der Oper treffen wir uns in der Kantine.

② An der Abendkasse

Herr: Ich habe noch eine Karte.

⑤ In der Kantine

Julian: Günter, das ist Franziska, meine Frau.

④ In der Statisterie

Günter: Mensch, Julian! Was machst du denn hier?

d) Julian: Prima! Die nehmen wir!

e) Franziska: Lust hätte ich schon, nur – wir werden keine Karten bekommen!

b) Julian: Günter, du mußt mir helfen.

a) Franziska: Wo ist die Kantine?

c) Günter: Ich bin ein Jugendfreund von Julian.

1	2	3	4	5

anziehen
die Theaterkasse
nach

die Kantine
der Jugendfreund
die Statisterie

17

Entscheiden Sie.

	ja	nein
1. Julian möchte mit Franziska ins Konzert gehen.		
2. Franziska möchte sich lieber einen Film anschauen.		
3. Franziska weiß genau, daß es noch Karten gibt.		
4. Julian ist ganz sicher, daß sie die Oper sehen werden.		
5. In der Oper wird die „Zauberflöte" von Mozart gespielt.		
6. Günter spendiert eine Flasche Sekt.		

109

17 Lösungsschlüssel

1 Max: Wir könnten in den Zirkus gehen.
Melanie: Ich habe keine Lust!
Max: Wir könnten in die Oper gehen.
Melanie: Was gibt's?
Max: „Die Zauberflöte".
Melanie: Ich habe keine Lust!
Max: Wir könnten ins Theater gehen.
Melanie: Was gibt's?
Max: „Die Räuber".
Melanie: Ich habe keine Lust!
Max: Wir könnten ins Kino gehen.
Melanie: Was gibt's?
Max: Einen Heimatfilm.
Melanie: Ich habe keine Lust!

Heimatfilm: Ein Filmgenre der deutschsprachigen Länder – eine meist sentimentale Geschichte, die in einer idealisierten, ländlichen Umgebung (oft in den Bergen) spielt.

3 Max: Guten Tag.
Ich hätte gern ein Stück Kuchen.
Melanie: Welchen Kuchen möchten Sie denn gern?
Max: Ich hätte gern davon!
Oder nein:
Ich hätte lieber davon!
Melanie: Sie möchten lieber ein Stück Erdbeerkuchen?
Max: Ja, davon hätte ich gern!
Oder nein:
Ich hätte lieber davon!
Oder nein: ich hätte lieber davon!

4 – Nehmen Sie selber, was Sie wollen!
– Möchten Sie lieber Käse?
– Wissen Sie denn nicht, was Sie wollen?
– Wollen Sie mich krankmachen?
– Nehmen Sie endlich!

5 *Einige Beispiele*

Ich hätte gern | einen Mann.
| ein Kleid.
| ein Motorrad.
Ich hätte lieber | eine Kette.
| eine Kamera.
| eine Frau.

6

1	2	3	4	5
e	d	a	b	c

7 1. nein / 2. nein / 3. nein / 4. ja / 5. nein / 6. nein

Sich bewegen ist gesund

18

Max und Melanie machen ihre Trimmübungen. Da kommt Besuch ...

Melanie:	Das ist unser Besuch.
	Bitte kommen Sie herein, Fräulein Weber.
	Ich freue mich sehr, daß Sie uns besuchen.
Fräulein Weber:	Ich freue mich auch.
Melanie:	Mein Mann freut sich auch.
	Er trimmt sich.
	Wir bewegen uns immer.
Fräulein Weber:	Ja, ja, sich bewegen, das ist gesund!

Ergänzen Sie aus dem Dialog:

Melanie: Ich _____ sehr.   Er _____ .

Frl. Weber: Ich _____ auch.   Wir _____ immer.

Melanie: Mein Mann _____   Frl. Weber: Sich _____ , das ist gesund!

_____ auch.

---

sich freuen

ich	freue	mich	wir	freuen	uns
du	freust	dich	ihr	freut	euch
er/sie/es	freut	sich	sie	freuen	sich

sich trimmen, sich bewegen,
sich ärgern, sich irren

18

① ②

2 a) *Unterstreichen Sie die Sätze, die Melanies Meinung zeigen!*

Melanie: Ist das mein Portrait?
Max: Ja, das sind Sie, Melanie!
Melanie: Das bin ich?
Sie irren sich Max!
Max: Ich irre mich?
Melanie: Ja, Sie irren sich.
Das bin ich nicht.

Melanie: Oh, das bin ich!!

b) *Welches Porträt findet Melanie schöner?*

Porträt 1: ☐   Porträt 2: ☐

c) *Welches Porträt finden Sie besser?*

Porträt 1: ☐   Porträt 2: ☐

112

18

Max: Ich muß mal telefonieren, Melanie! Kann ich?
Melanie: Bitte jetzt nicht, Max! Ich will in Ruhe die Zeitung lesen.
...
Max: Nein, Melanie! Kein Radio!
Melanie: Ich möchte aber Radio hören!
Max: Und ich will in Ruhe die Zeitung lesen!
Melanie: Aber warum denn jetzt?
Max: Nun, vorhin mußte ich telefonieren, aber ich konnte nicht.
Du wolltest ja in Ruhe Zeitung lesen.
Und jetzt, jetzt will ich in Ruhe die Zeitung lesen!

3 Was wollte Max?

Was will er jetzt?

Was wollte Melanie?

Was will sie jetzt?

Präsens:	ich	bin	ich	habe	ich	will	ich	muß	ich	kann
Präteritum:		war		hatte		wollte		mußte		konnte

Ist das bei Ihnen auch so? Wer stört beim Zeitunglesen?

☐ mein Mann
☐ meine Frau
☐ meine Kinder

☐ mein Freund / meine Freundin
☐ ....

Was machen Sie dann?

113
s. S. 167

4 Caroline macht mit ihrer Familie Winterferien.
Was paßt zusammen? Schreiben Sie zu jedem Szenentitel den Ort und die Motivation.

- Am Hotel
- Opa will skifahren.
- Opa interessiert sich für Trachten.
- Im Sportgeschäft
- Carolines Vater kann nicht gut skifahren.
- Im Museum
- Auf der Skipiste
- Caroline will nicht mit den Eltern skifahren.

Ort	Szenentitel	Motivation
1.	Caroline bleibt bei Opa.	
2.	Opa zeigt Caroline alte Trachten.	
3.	Opa leiht sich Ski.	
4.	Carolines Vater ärgert sich.	

5 Warum geht Caroline nicht mit ihren Eltern?

☐ Weil sie nicht skifahren will.
☐ Weil sie lieber mit ihrem Opa zusammen sein will.

sich ärgern
sich etwas leihen
die Tracht, die Trachten
die Eltern

das Geschäft, die Geschäfte
die Skipiste
bleiben

5 Ergänzen Sie die Dialoge.

Vater: Komm, Caroline, beeil dich!

Caroline: Ich _____ noch meine Schuhe anziehen. Warum fährt denn Opa nicht Ski?

Vater: Opa kann sich nicht mehr so gut bewegen.

Caroline: Dann bleibe ich bei Opa.

Mutter: Ich verstehe dich nicht, Caroline. Gestern _____ du noch unbedingt skifahren. Und heute _____ du nicht mehr?

willst   *mußte*   *wolltest*

Caroline: Du, Opa, du _____ doch auch mal skifahren!

Opa: Ja, ich _____. Aber jetzt _____ ich sicher nicht mehr.

Caroline: Du - ich habe eine Idee! Wir leihen Ski für dich!

kann   *konnte*   *konntest*

Mutter: Rainer, dort drüben ist dein Vater!

Vater: Ach, _____! Mein Vater fährt nicht Ski!

Mutter: Da ist auch Caroline. Nein, _____!

Caroline: Da sind Mama und Papa ... Schau mal, Opa!

ich irre mich nicht   *du irrst dich*

115

18 Lösungsschlüssel

1 Melanie: Das ist unser Besuch.
  Bitte kommen Sie herein, Fräulein Weber!
  Ich freue mich sehr, daß Sie uns besuchen.
Fräulein: Ich freue mich auch.
Melanie: Mein Mann freut sich auch.
  Er trimmt sich.
  Wir bewegen uns immer.
Fräulein: Ja, ja, sich bewegen, das ist gesund!

Ich freue mich sehr.   Er trimmt sich.
Ich freue mich auch.   Wir bewegen uns immer.
Mein Mann freut sich auch.   Sich bewegen, das ist gesund.

2 a) Melanie: Ist das mein Portrait?
  Max: Ja, das sind Sie, Melanie!
  Melanie: Das bin ich?
    <u>Sie irren sich Max!</u>
  Max: Ich irre mich?
  Melanie: Ja, Sie irren sich.
    <u>Das bin ich nicht.</u>
  Melanie: <u>Oh, das bin ich!</u>

b) Porträt 2

3 Max: Ich muß mal telefonieren, Melanie!
  Kann ich?
Melanie: Bitte jetzt nicht, Max!
  Ich will in Ruhe die Zeitung lesen.
  ...
Max: Nein, Melanie! Kein Radio!
Melanie: Ich möchte aber Radio hören!
Max: Und ich will in Ruhe Zeitung lesen!
Melanie: Aber warum denn jetzt?
Max: Nun, vorhin mußte ich telefonieren,
  aber ich konnte nicht.
  Du wolltest ja in Ruhe Zeitung lesen.
  Und jetzt, jetzt will ich in Ruhe die Zeitung lesen!

Präteritum   *Präsens*

Max wollte telefonieren.   – Max will Zeitung lesen.
Melanie wollte Zeitung lesen. – Melanie will Radio hören.

4 1. Am Hotel – Caroline will nicht mit den Eltern skifahren.
  2. Im Museum – Opa interessiert sich für Trachten.
  3. Im Sportgeschäft – Opa will skifahren.
  4. Auf der Skipiste – Carolines Vater kann nicht gut skifahren.

5 Weil sie lieber mit ihrem Opa zusammen sein will.

6 1. mußte / wolltest / willst
  2. konntest / konnte / kann
  3. du irrst dich / ich irre mich nicht.

19

Ich schlief sofort ein

Ihre Haare sind ziemlich lang. Ich finde sie etwas zu lang.

Ihre Haare sind sehr lang! Ich finde sie viel zu lang!

kurz

lang

1 In dem folgenden Dialog geht es auch um Haare und Frisuren. Ergänzen Sie.

Melanie: Ihre Haare sind _____.

Max: Ja, schon.
Aber schneiden Sie die Haare nur
_____ kürzer.

Melanie: Gut, nur etwas. Wollen Sie fernsehen?

Max: Oh ja, gern.
(Melanie sieht auch fern und schneidet ihm dabei die Haare ganz kurz.)

Max: Meine Haare sind _____.
Das ist häßlich!

Melanie: Das finde ich gar nicht. Das ist modern.
Kurz ist jetzt modern.

viel zu kurz — etwas — ziemlich lang

**Ihre Haare sind zu kurz.
Was sagen Sie zu dem Friseur?**

☐ Die Haare sind viel zu kurz.
Das ist häßlich.

☐ Die Haare sind ziemlich kurz – aber gar nicht schlecht.

☐ Die Haare sind etwas zu kurz.

117

19

Max:	Beruhigen Sie sich doch! Was ist denn passiert?
Melanie:	Um 11 Uhr ging ich ins Bett.
Max:	Um 11 Uhr gingen Sie ins Bett.
Melanie:	Ich schlief sofort ein.
Max:	Sie schliefen sofort ein.
Melanie:	Ich hörte ein Geräusch. Und dann ... Da! Da! Hören Sie! Da ist es wieder! ...

2 Was ist Melanie in dem Hotelzimmer passiert?

☐ Sie schlief sofort ein und schlief dann gut.

☐ Sie hörte ein Geräusch, schlief aber dann ein.

☐ Sie schlief sofort ein und hörte dann ein Geräusch.

3 Was ist Melanie dann nach Ankunft des Polizisten passiert?

☐ Sie hörte das Geräusch wieder.

☐ Nichts. Sie beruhigte sich.

4 Unterstreichen Sie im Text die Verben, die zeigen, was Melanie getan und erlebt hat!

Präsens	ich	gehe	schlafe ... ein	höre	beruhige mich
Präteritum		ging	schlief ... ein	hörte	beruhigte mich

118

s. S. 167

19

Melanie hört in einem Schloß eine Geisterstimme.

> Kommen Sie herein und schließen Sie die Tür.
> Gehen Sie jetzt bitte zum Schrank!
> Öffnen Sie die Tür!

5 Wer war im Schrank? Was glaubte Melanie?

☐ ein Geist ☐ ein Mann ☐ ein Tonbandgerät

6 Was sagte der Geist?   Was machte Melanie?

Kommen Sie herein!   *Sie kam herein.*

Schließen Sie die Tür!   _____

Gehen Sie zum Schrank!   _____

Öffnen Sie die Tür!   _____

| kam |
| schloß |
| ging |
| öffnete |

7 Melanie erschrak sehr und erzählte dem Schloßwächter ihr Erlebnis.
Ergänzen Sie.

Melanie: _____

_____ :

„Kommen Sie herein und schließen
Sie die Tür!"

_____

_____ :

„Gehen Sie zum Schrank!"

_____

_____ :

„Öffnen Sie die Tür!"

_____ ,

da ☐ war da ein Mann.
   ☐ war da ein Tonbandgerät.
   ☐ lachte diese Rüstung.

die Rüstung

> Als ich die Tür schloß, sagte sie:
>
> Als ich in den Raum kam, sagte eine Stimme:
>
> Als ich zum Schrank kam, sagte sie:
>
> Als ich die Tür öffnete,

Ich schloß die Tür.

Als ich die Tür schloß, sagte der Geist …

Ich kam zum Schrank.

Als ich zum Schrank kam, sagte der Geist …

119

s. S. 164

19

**8 Anna und Jürgen feiern auf einem Dorffest.
Kommentieren Sie.**

1. Wie finden Sie die Musik?

   ☐ Ziemlich laut.

   ☐ Etwas zu laut.

   ☐ Viel zu laut.

   laut

2. Jürgen und Anna feiern zusammen, aber Jürgen bestellt nur <u>einen</u> Wein. Wie finden Sie das?

   ☐ Richtig.

   ☐ Etwas zu modern.

   ☐ Nicht gut.

   feiern

3. Anna tanzt mit Stefan und nicht mit ihrem Freund Jürgen.

   ☐ Das ist normal.
   Anna und Jürgen sind nicht verheiratet.

   ☐ Das ist modern.

   ☐ Das ist nicht gut.

   tanzen

4. Jürgen und Anna sind wieder zusammen.

☐ Das freut mich.

☐ Das ärgert mich.
Jürgen war nicht nett zu Anna.

wieder
nett

Ergänzen Sie den Text. Formulieren Sie Sätze mit Hilfe der untenstehenden Wörter.

Jürgen: Fräulein! Fräulein!
Susan: Sie müssen ein bißchen lauter rufen!
Als _____, _____!
Jürgen: Wo ist denn meine Freundin?
Kim: Die ist weg!
Jürgen: Weg? Wann ist sie denn weggegangen?
Kim: Als _____,
_____!

sofort   kommen   sie   ich   rufen

ich   zurückkommen   sie   weg sein

sofort
weg
weggehen

121

19 Lösungsschlüssel

1 Melanie: Ihre Haare sind ziemlich lang.
Max: Ja, schon.
Aber schneiden Sie die Haare nur etwas kürzer.
Melanie: Gut, nur etwas.
Wollen Sie fernsehen?
Max: Oh ja, gern.
Max: Meine Haare sind viel zu kurz!
Das ist häßlich!
Melanie: Das finde ich gar nicht.
Das ist modern. Kurz ist jetzt modern.

2 Max: Beruhigen Sie sich doch!
Was ist denn passiert?
Melanie: Um 11 Uhr ging ich ins Bett.
Max: Um 11 Uhr gingen Sie ins Bett.
Melanie: Ich schlief sofort ein.
Max: Sie schliefen sofort ein.
Melanie: Ich hörte ein Geräusch.
Und dann ...
Da! Da! Hören Sie!
Da ist es wieder! ...

Sie schlief sofort ein und hörte dann ein Geräusch.

3 Sie hörte das Geräusch wieder.

4 Melanie ging ins Bett / schlief sofort ein / hörte ein Geräusch.

5 ein Tonbandgerät

6 Sie schloß die Tür. Sie ging zum Schrank. Sie öffnete die Tür.

7 Melanie:
Als ich in den Raum kam, sagte eine Stimme:
„Kommen Sie herein und schließen Sie die Tür!"
Als ich die Tür schloß, sagte sie:
„Gehen Sie zum Schrank!"
Als ich zum Schrank kam, sagte sie:
„Öffnen Sie die Tür!"
Und als ich die Tür öffnete,
da lachte diese Rüstung.

9 Als ich rief, kam sie sofort!
Als ich zurückkam, war sie weg!

Wenn Sie im Frühling reisen

20

Amelie möchte verreisen. Sie bittet Max im Reisebüro um Informationen.

1 Welche Auskunft gibt Max zu den Jahreszeiten in Europa? Was paßt zusammen?

| Schnee | fallende Blätter | blühende Bäume |

Saison	Bild Nr.	
Frühling		
Sommer		blühende Blumen
Herbst		
Winter		

2 Ergänzen Sie.

Amelie: Ich möchte reisen.
Max: Und wohin?
Amelie: Wo es schön ist.
Max: Dann warten Sie, bis es Frühling ist.

Wenn _____, haben Sie blühende Bäume.

Amelie: Nur blühende Bäume?
Max: Dann warten Sie, bis es Sommer ist.

Wenn _____, haben Sie blühende Blumen.

Amelie: Nur blühende Blumen?
Max: Dann warten Sie doch, bis es Herbst ist.

Wenn _____, haben Sie fallende Blätter.

Amelie: Nur fallende Blätter?
Max: Dann warten Sie doch, bis es Winter ist.

Wenn _____, haben Sie Schnee!

...Sie im Herbst fahren... *...Sie im Sommer fahren...*
...Sie im Frühling reisen... *...Sie im Winter reisen...*

Sie fahren im Frühling: Sie haben blühende Bäume.

Wenn Sie im Frühling fahren, haben Sie blühende Bäume.

123

20

3 Wenn Sie mehr nehmen, wird es billiger.
Ergänzen Sie die billigeren Angebote.

○ Was kostet die Reise?
△ 1 Woche – 450,– DM.

Aber wenn Sie 14 Tage fahren, kostet es nur 650,– DM.

1. ○ Was kosten die Hemden?
   △ 1 Hemd – 35,90 DM.

   Aber _____.

2. ○ Was kostet 1 Foto?
   △ 1 Foto – 0,85 DM.

   Aber _____.

3. ○ Was kostet der Wein?
   △ 1 Flasche – 6,20 DM.

   Aber _____.

4. ○ Was kosten die Äpfel?
   △ 3 Mark das Kilo.

   Aber _____.

5. ○ Was kostet die Fahrt nach Weilheim?
   △ Einfach 11,80 DM.

   Aber _____.

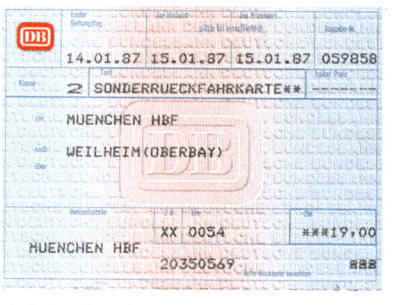

Kaufen Sie:

3 Hemden	80,—
10 Fotos	7,50
3 Flaschen	15,—
5 kg Äpfel	9,90

die Fahrt, die Fahrten
die Flasche, die Flaschen
die Reise, die Reisen
die Rückfahrkarte, die Rückfahrkarten
einfach

20

Amelie ist bei Max eingeladen. Sie möchte ihm in der Küche helfen, aber in Max' Wohnung geschieht alles automatisch.

Amelie:	Kann ich die Tür zumachen?
Max:	Das ist nicht nötig.
	Die wird zugemacht.
Amelie:	Na so was!
	Darf ich die Fenster schließen?
Max:	Das ist nicht nötig.
	Die Fenster werden geschlossen.
Amelie:	Ich koche Kaffee.
Max:	Das ist nicht nötig.
	Der Kaffee wird gemacht.
Amelie:	Dann hole ich den Kaffee.
Max:	Das ist nicht nötig.
	Der Kaffee wird von Roby gebracht.
Amelie:	Na so was!

Unterstreichen Sie im Text diese automatischen Prozesse und schreiben Sie, was Amelie machen möchte und was automatisch gemacht wird!

Was möchte Amelie machen?	Was wird für sie gemacht?
1. Sie möchte	
2.	
3.	
4.	

Wer ist „Roby"?

☐ ein Freund von Amelie ☐ ein Roboter ☐ eine Kaffeemaschine.

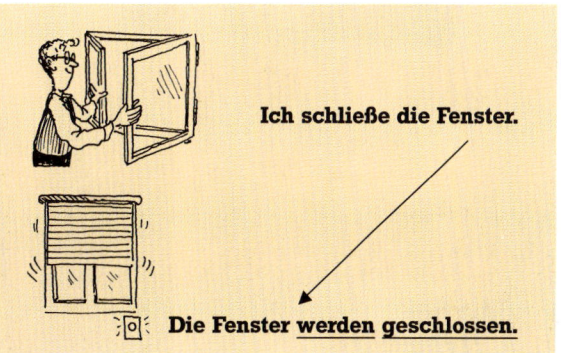

Ich mache Kaffee. → **Der Kaffee wird gemacht.**

Ich schließe die Fenster. → **Die Fenster werden geschlossen.**

125

s. S. 168

20

Heidi und Wolfgang möchten Ferien an der Ostsee machen. Um etwas Geld dazu zu verdienen, helfen sie bei der Hopfenernte in der Holledau (Bayern).

6 Welche Sätze passen zu den Hauptthemen des Films?
(Manche Sätze lassen sich zwei Themen zuordnen.)

1 Ferien an der Ostsee:

Sätze | a | | | | | |

2 Hopfenernte in der Holledau:

Sätze | | | | | | |

3 Hopfen wird für's Bier gebraucht:

Sätze | | | | | | |

a) "Urlaub an der Ostsee ist für uns zu teuer!"

b) "Hopfen macht das Bier haltbar und gibt ihm Aroma."

c) "Ich brauche tüchtige Helfer für die Hopfenernte."

d) "Meine Frau möchte so gerne Ferien an der Ostsee machen."

e) "Wenn es eine gute Ernte gibt, gibt es auch ein gutes Bier!"

f) "Die Maschine macht alles automatisch."

g) "Hopfen muß Sonne haben, sonst gibt es kein gutes Bier!"

h) "Wenn wir noch einmal bei der Ernte helfen, dann haben wir das Geld zusammen."

20

**Der Prozeß der Hopfenernte: Was wird mit dem Hopfen gemacht?
Sagen Sie es anders und verwenden Sie das Passiv.**

1. Hier schneidet die Maschine die Reben durch. Die Reben *werden durchgeschnitten*.

2. Ein Gerät reißt die Reben oben ab. Die Reben _____ oben _____

3. Die Helfer verteilen die Reben gleichmäßig auf dem Wagen. Die Reben _____ von den Helfern gleichmäßig auf dem Wagen _____

4. Die Maschine trennt die Hopfendolden ab. Die Dolden _____ von den Reben _____

5. Die Dolden müssen trocknen. Die Dolden _____ _____

6. Der Hopfen lagert in Säcken. Der Hopfen _____ _____

Infinitiv	Partizip II
durchschneiden	durchgeschnitten
abreißen	abgerissen
verteilen	verteilt
abtrennen	abgetrennt
trocknen	getrocknet
lagern	gelagert

die Ostsee
der Helfer, die Helfer
haltbar machen
tüchtig
die Ernte, die Ernten
der Hopfen
sonst
die Rebe, die Reben
durchschneiden
abreißen

oben
verteilen
gleichmäßig
der Wagen, die Wagen
abtrennen
die Dolde, die Dolden
trocknen
lagern
der Sack, die Säcke

127

20 Lösungsschlüssel

1

Frühling	Nr. 1	blühende Bäume
Sommer	Nr. 4	blühende Blumen
Herbst	Nr. 2	fallende Blätter
Winter	Nr. 3	Schnee

2 Amelie: Ich möchte reisen.
Max: Und wohin?
Amelie: Wo es schön ist.
Max: Dann warten Sie, bis es Frühling ist.
Wenn Sie im Frühling reisen, haben Sie blühende Bäume.
Amelie: Nur blühende Bäume?
Max: Dann warten Sie, bis es Sommer ist.
Wenn Sie im Sommer fahren, haben Sie blühende Blumen.
Amelie: Nur blühende Blumen?
Max: Dann warten Sie doch, bis es Herbst ist.
Wenn Sie im Herbst fahren, haben Sie fallende Blätter.
Amelie: Nur fallende Blätter?
Max: Dann warten Sie doch, bis es Winter ist.
Wenn Sie im Winter reisen, haben Sie Schnee!

3 1. Aber wenn Sie 3 Hemden nehmen, kostet es nur 80,– DM.
2. Aber wenn Sie 10 Fotos nehmen, kostet es nur 7,50 DM.
3. Aber wenn Sie 3 Flaschen nehmen, kostet es nur 15,– DM.
4. Aber wenn Sie 5 kg Äpfel nehmen, kostet es nur 9,90 DM.
5. Aber wenn Sie eine Rückfahrkarte nehmen, kostet es nur 19,– DM.

4 Amelie: Kann ich die Tür zumachen?
Max: Das ist nicht nötig.
Die wird zugemacht.
Amelie: Na so was!
Darf ich die Fenster schließen?
Max: Das ist nicht nötig.
Die Fenster werden geschlossen.
Amelie: Ich koche Kaffee.
Max: Das ist nicht nötig.
Der Kaffee wird gemacht.
Amelie: Dann hole ich den Kaffee.
Max: Das ist nicht nötig.
Der Kaffee wird von Roby gebracht.
Amelie: Na so was!

1 Sie möchte die Tür zumachen. | Die Tür wird zugemacht.
2 Sie möchte die Fenster schließen. | Die Fenster werden geschlossen.
3 Sie möchte Kaffee kochen. | Der Kaffee wird gekocht.
4 Sie möchte den Kaffee holen. | Der Kaffee wird von Roby gebracht.

5 Ein Roboter.

6 1. a, d, h,
2. c, e, f (h)
3. b, g (e)

7 1 ... werden durchgeschnitten.
2 ... werden abgerissen.
3 ... werden verteilt.
4 ... werden abgetrennt.
5 ... werden getrocknet.
6 ... wird gelagert.

21
Du brauchst nicht viel zu tun

Max hat ein „vielseitiges" Haushaltsgerät gekauft und möchte es jetzt Amelie zeigen. Er ist sehr stolz auf die raffinierten Tricks des Geräts …

Max:	Schau Amelie!
	Das Gerät hier ist ein Fernseher, eine Waschmaschine und eine Stereoanlage!
	Möchtest du fernsehen?
Amelie:	Was muß ich denn da machen?
Max:	Du brauchst nur auf diesen Knopf zu drücken.
Amelie:	Ah so! – Aber ich möchte eine Waschmaschine. Was muß ich da machen?
Max:	Dann brauchst du nur diesen Knopf zu drücken.
Amelie:	Aha! Und die Stereoanlage? Was muß ich da machen?
Max:	Ja … Moment, Amelie, …

1 Und was sagte Max dann?

☐ a) „Jetzt mußt du diesen Knopf drücken!"
☐ b) „Halt! Nein! Nicht auf den roten Knopf drücken!"
☐ c) „Du brauchst gar nichts zu machen."

2 Warum konnte Amelie keine Musik hören?

☐ a) Weil sie waschen wollte.
☐ b) Weil das Gerät nicht funktionierte.
☐ c) Weil das Gerät explodierte.

21

Max führt Amelie ein schickes Auto vor. Er preist die Qualitäten des Autos – aber dieses will nicht so recht funktionieren …

Max:	Dieser Scheibenwischer ist sehr praktisch. Sie müssen nur den Knopf drehen.
Amelie:	Aber er funktioniert nicht. Können Sie mir sagen, warum er nicht funktioniert?
Max:	Ich habe keine Ahnung.
Max:	Aber das Dach kann man öffnen. Sie brauchen nur diesen Knopf zu drücken.
Amelie:	Aber das Dach öffnet sich nicht! Wissen Sie, warum es sich nicht öffnet?
Max:	Nein! Ich weiß es nicht.
Amelie:	Haben Sie eine Ahnung, warum das Auto nicht anspringt?
Max:	Ich verstehe nicht, warum nichts funktioniert. Aber jetzt möchte ich wissen, warum nichts funktioniert!

3 Amelie und Max stellen fest:

1. Der Scheibenwischer _____

2. Das Dach _____

3. Das Auto _____

4. Nichts _____

springt nicht an.
funktioniert.
öffnet sich nicht.
funktioniert nicht.

4 Amelie möchte von Max wissen, warum nichts funktioniert. Wie leitet sie ihre Frage ein? Ergänzen Sie.

1. _____, warum der Scheibenwischer _____?

2. _____, warum das Dach _____?

3. _____, warum das Auto _____?

130

21

5 *Max hat keine Ahnung, warum nichts funktioniert.*
Wie sagt er das?

Ich habe _____

Ich _____

Ich _____

Direkte Frage: **Warum <u>funktioniert</u> der Scheibenwischer nicht?**

Indirekte Frage: Können Sie mir sagen
                          Wissen Sie   **, warum der Scheibenwischer nicht <u>funktioniert</u>?**
                          Haben Sie eine Ahnung
                          …

---

6 *Übernehmen Sie nun die Rolle von Amelie und fragen Sie „indirekt".*

| Wo ist der Autoschlüssel? | Wann muß das Auto zum TÜV?* | Wieviel Benzin braucht es? |

| Warum springt der Motor nicht an? | Was kostet das Auto? |

| Wie kann ich das Dach öffnen? | Wie schnell fährt das Auto? |

Wissen Sie, wann das Auto zum TÜV muß?
Haben Sie _____

_____

_____

_____

---

* TÜV = Technischer Überwachungsverein.
   In der Bundesrepublik Deutschland müssen Autos und Motorräder alle zwei Jahre technisch geprüft werden.

21

7 Petra Stagge ist sehr vergeßlich. Sie will ein Paket für ihre Freundin Beate zur Post bringen, aber sie läßt es immer wieder liegen. Aber das Paket kommt auch immer wieder zu ihr zurück.

Rekonstruieren Sie die richtige Reihenfolge der verschiedenen Dialogteile.

An der Telefonzelle

Uwe Breitner:	Hallo, ist das Ihr Paket? Möchten Sie es nicht mitnehmen?
Petra:	Oh danke! Ich möchte wissen, warum ich immer alles vergesse!

a) Vor Petras Haus

Petra:	Ja? Wer ist da?
Uwe Breitner:	Ihr Paket!
Petra:	Ach du liebe Güte! Ich habe es wieder vergessen! Bitte, kommen Sie doch hoch ... 2. Stock rechts ...

b) Am Strand

Beate:	Petra! Wo kommst du denn her?
Petra:	Heute bin ich Postbote, und das ist mein Chauffeur!
Beate:	So schnell habe ich noch nie ein Paket bekommen!

c) In Petras Wohnzimmer

Uwe Breitner:	Wollen wir Postboten spielen?
Petra:	Ich verstehe nicht.
Uwe Breitner:	Nun, wir bringen das Paket selbst nach St. Peter-Ording!

d) Auf der Post

Mann:	Hallo Sie! Da drüben liegt wieder das Paket. Die Dame hat es noch mal vergessen!
Uwe Breitner:	Tatsächlich!

1	2	3	4

das Paket, die Pakete
vergessen
da drüben
liegen

tatsächlich
Ach du liebe Güte
hoch (hoch kommen)
2. Stock

der Postbote, die Postboten
verstehen
wir ... selbst
schnell

21

8 Ein älterer Herr hat Probleme mit dem Telefon.
Uwe Breitner hilft ihm und gibt ihm Anweisungen. Ergänzen Sie.

Anweisung (am Telefon)	Uwe Breitner sagt:
- Hörer abnehmen!	"Sie brauchen nur den Hörer abzunehmen."
- Geld hineinwerfen!	"Sie müssen das Geld hineinwerfen."
- Ortsgespräch: 20 Pfennige einwerfen!	"Sie brauchen nur 20 Pfennig einzuwerfen."
- Nummer wählen!	"Sie müssen die Nummer wählen."
- Sprechen!	"Dann müssen Sie sprechen."

Mann: Können Sie mir sagen, warum der Apparat nicht funktioniert?
Uwe Breitner: Der Apparat funktioniert schon! 
Schauen Sie! Sie _____ nur _____ _____ _____. 
Dann _____ Sie _____ _____ _____.

Mann: Ja!
Uwe Breitner: Für ein Ortsgespräch _____ Sie nur _____ _____ _____.

Mann: Hier, bitte!
Uwe Breitner: So, und jetzt _____ Sie die Nummer _____ und dann _____.

Mann: Vielen Dank!

9 Welche Symbole passen zu welchen Anweisungen? Ordnen Sie.

1. Geld einwerfen! 2. Sprechen! 3. Hörer abnehmen! 4. Nummer wählen!

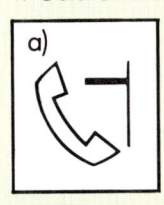

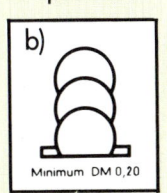

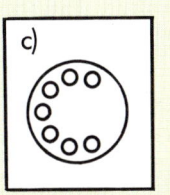

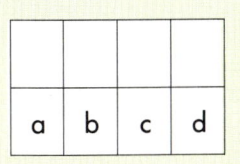

a) b) Minimum DM 0,20 c) d)

a	b	c	d

der Hörer abnehmen
das Geld hineinwerfen (einwerfen)

das Ortsgespräch wählen
der Pfennig, die Pfennige
die Nummer, die Nummern

133

21 Lösungsschlüssel

1 Max: Schau Amelie!
Das Gerät hier ist ein Fernseher,
eine Waschmaschine und eine Stereoanlage!
Möchtest du fernsehen?
Amelie: Was muß ich denn da machen?
Max: Du brauchst nur auf diesen Knopf zu drücken.
Amelie: Ah so! – Aber ich möchte eine Waschmaschine.
Was muß ich da machen?
Max: Dann brauchst du nur diesen Knopf zu drücken.
Amelie: Aha! Und die Stereoanlage?
Was muß ich da machen?
Max: Ja ... Moment, Amelie, ...

b) Halt! Nein! Nicht auf den roten Knopf drücken!

2 c)

3 Max: Dieser Scheibenwischer ist sehr praktisch.
Sie müssen nur den Knopf drehen.
Amelie: Aber er funktioniert nicht.
Können Sie mir sagen, warum er nicht
funktioniert?
Max: Ich habe keine Ahnung.
Max: Aber das Dach kann man öffnen.
Sie brauchen nur diesen Knopf zu drücken.
Amelie: Aber das Dach öffnet sich nicht!
Wissen Sie, warum es sich nicht öffnet?
Max: Nein! Ich weiß es nicht.
Amelie: Haben Sie eine Ahnung, warum das Auto
nicht anspringt?
Max: Ich verstehe nicht, warum nichts funktioniert.
Aber jetzt möchte ich wissen, warum nichts
funktioniert!

1. Der Scheibenwischer funktioniert nicht.
2. Das Dach öffnet sich nicht.
3. Das Auto springt nicht an.
4. Nichts funktioniert.

4 1. Können Sie mir sagen, warum der Scheibenwischer nicht funktioniert?
2. Wissen Sie, warum das Dach sich nicht öffnet?
3. Haben Sie eine Ahnung, warum das Auto nicht anspringt?

5 Ich habe keine Ahnung, warum ...
Ich weiß es nicht.
Ich verstehe nicht, warum ...

6 z. B. Haben Sie eine Ahnung, ⎤ wieviel Benzin es braucht?
Wissen Sie, ⎬ wie ich das Dach öffnen kann?
Können Sie mir sagen, ⎦ was das Auto kostet?
........, wie schnell es fährt?
........, wo der Autoschlüssel ist?
........, warum der Motor nicht anspringt?

7

1	2	3	4
d	a	c	b

8 Sie müssen nur den Hörer abnehmen.
Dann müssen Sie (das) Geld hineinwerfen.
Für ein Ortsgespräch brauchen Sie nur 20 Pfennig einzuwerfen.
So, und jetzt müssen Sie die Nummer wählen und dann sprechen.

9

3	1	4	2
a	b	c	d

22 Wir können erst nächstes Jahr heiraten

Max trifft seinen Freund Bernd beim Einkaufsbummel ...

Max: Hallo, Bernd! Du hast es so eilig!
Bernd: Ja, ich gehe zu meiner neuen Freundin! Und du?
Max: Ich gehe auch zu meiner Freundin.
Bernd: So. Was hast du denn in deiner großen Tüte?
Max: Eine karierte Jacke und einen karierten Rock.
Bernd: Kariert?
Max: Ja! – Meine Freundin trägt nur karierte Sachen.
Bernd: Meine Freundin auch! – Nur karierte Sachen!!
Max: Das ist ja komisch! Und was hast du in deiner Tüte?
Bernd: Einen karierten Hut.
Max: Sag mal, wie sieht deine Freundin denn aus?
Bernd: Ja – sie hat lange Beine, dunkle Haare und dunkle Augen ...
Max: Aber das ist ja Amelie – meine Freundin!!

1 Was ist richtig? Kreuzen Sie an.

☐ Bernd hat keine Zeit. ☐ Max hat eine neue Freundin.
☐ Max wartet auf Bernd. ☐ Bernd hat eine neue Freundin.

2 Was ist in den beiden Tüten? Zeichnen oder schreiben Sie.

3 Was wissen Sie jetzt über Amelie?

Amelie trägt _____ _____ _____.

Amelie hat _____ _____, _____ _____

und _____ _____.

Amelie ist _____ _____ von Max und von _____.

22

4 **Beschreiben Sie Ihre Freundin/Ihren Freund!**

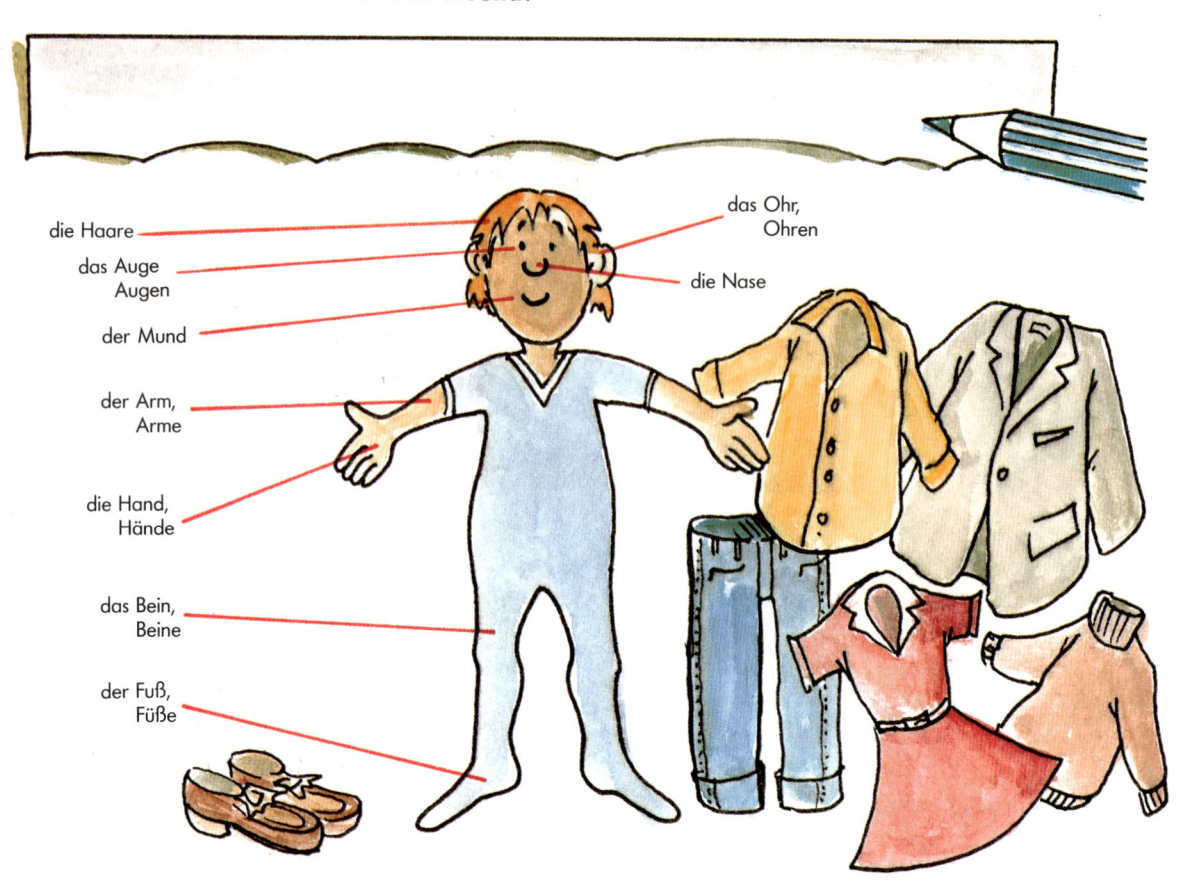

die Haare
das Auge, Augen
der Mund
der Arm, Arme
die Hand, Hände
das Bein, Beine
der Fuß, Füße

das Ohr, Ohren
die Nase

| klein | blond | schwarz | intelligent | interessant |
| groß | hell | braun | attraktiv | … |

| Er/Sie | ist | groß. |
| | | klein. |

| Er/Sie | hat | | einen kleinen Mund. |
| | | | blaue Augen. |

Er/Sie	trägt	oft	einen roten Hut.
		immer	eine lange Jacke.
		manchmal	ein__ blaues Kleid.
		nie	grüne Schuhe.
		gern	
		am liebsten	

am liebsten tragen

s. S. 96

22

Eigentlich wollten Max und Amelie heute heiraten. Aber Amelies Hochzeitsgeschenk – ein Wollschal – ist noch nicht fertig. Max wird nervös. Wann wird es endlich so weit sein?

30. JUNI

Max: Wann heiraten wir, Amelie?
Amelie: Nächste Woche, am 8. Juli. Dann ist der Schal fertig!

8. JULI

Max: Amelie, wir wollten doch heute heiraten!
Amelie: Es geht nicht Max! Der Schal ist erst nächsten Monat fertig.
Max: Amelie! Wann heiraten wir??
Amelie: Nächsten Monat, Max. Im August!

10. AUGUST

Max: Oh nein! Der Schal ist immer noch nicht fertig!
Amelie: Tut mir leid, Max. Der Schal ist erst nächstes Jahr fertig.
Max: Was? Erst nächstes Jahr!!
Amelie: Ja! Nächstes Jahr können wir heiraten!

> nicht heute   – erst morgen!
> nicht morgen – erst nächste Woche!

5 *Was sagt Amelie wann über den Hochzeitstermin?*

30. Juni	8. Juli	10. August

22

Die Monate		Die Wochentage
Januar	Juli	Montag
Februar	August	Dienstag
März	September	Mittwoch
April	Oktober	Donnerstag
Mai	November	Freitag
Juni	Dezember	Samstag
		Sonntag

wann?	<u>um</u> 7 Uhr	<u>am</u> Montag	<u>im</u> Januar	
	<u>um</u> halb acht	<u>am</u> Dienstag	<u>im</u> Februar	— 1987
		<u>am</u> Vierzehnten		— 1988
			<u>im</u> Sommer	
			<u>im</u> Herbst	

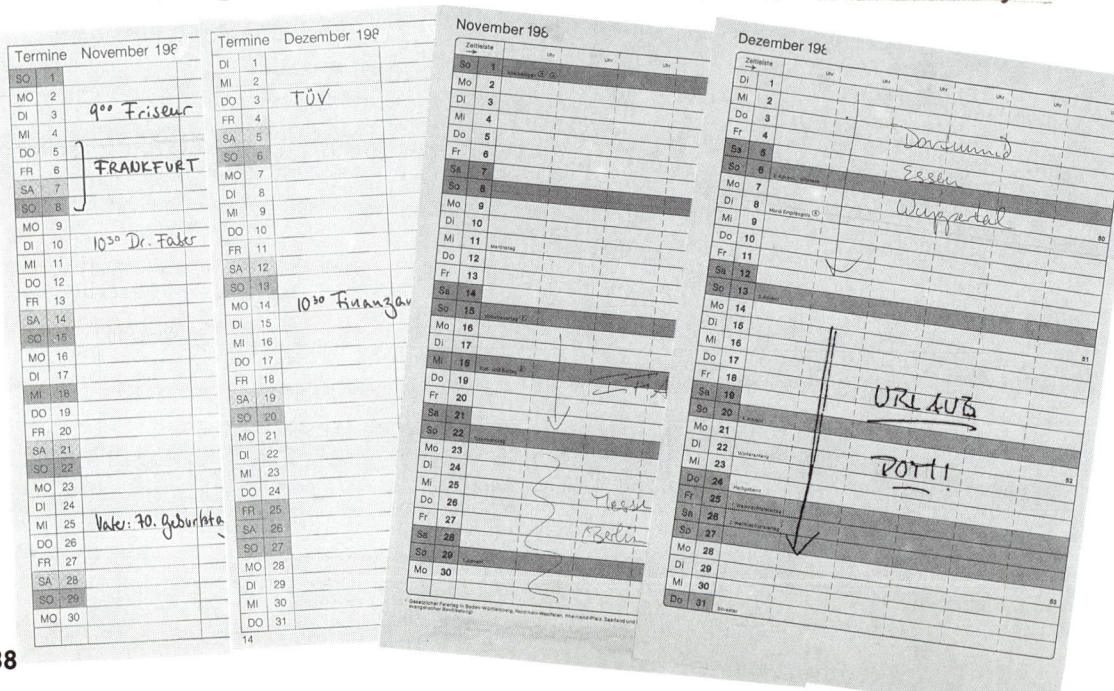

Ergänzen Sie im folgenden Gespräch die Zeitangaben.

○ rrrrrrrrrrrr

△ Hübner – Interbau. Guten Tag!

○ Hallo, Herr Hübner. Wir wollten uns doch _____ November noch treffen ...

△ Ja! – Nur wann?

○ Moment, ich sehe mal in meinen Kalender.

△ Ich könnte _____ nächsten Donnerstag ...

○ Hm ... _____ Fünften bin ich leider in Frankfurt.
Aber wie wäre es denn nächste Woche?

△ Ja, da könnte ich _____ Dienstag _____ zehn ...

○ _____ Dienstag? – Da habe ich einen Termin beim Arzt.
Ja – und dann mache ich Urlaub ...
Wie wäre es denn nach dem 23. November?

△ Tut mir leid. Da bin ich auf der Messe. _____ Herbst habe ich immer wenig Zeit.

○ Hm ... dann geht es _____ November nicht mehr ...

△ Ja, leider. Aber wie wär's _____ Dezember?

○ Könnten Sie denn _____ Vierzehnten?

△ Ja, ich glaube ... Wann denn? _____ zehn Uhr?

○ Oh, ich sehe gerade: _____ halb elf muß ich zum Finanzamt.

△ Wie dumm! Und _____ Fünfzehnten fahre ich in Urlaub.

○ Ja, dann kommen auch schon die Feiertage. Ich glaube, wir treffen uns erst _____ nächsten Jahr ...

△ Ja, leider. Dann rufe ich Sie _____ Januar an. Ich wünsche Ihnen schon jetzt ein glückliches neues Jahr!

○ Danke – auch Ihnen! Wiederhören!

sich treffen
ich sehe gerade
das Finanzamt
der Feiertag, die Feiertage

(Auf) Wiederhören!
die Messe, die Messen
Wie dumm!
anrufen

22

Clemens und seine Freunde Robert und Philipp arbeiten in einem Kohlebergwerk im Ruhrgebiet. Doch heute ist ein besonderer Tag!

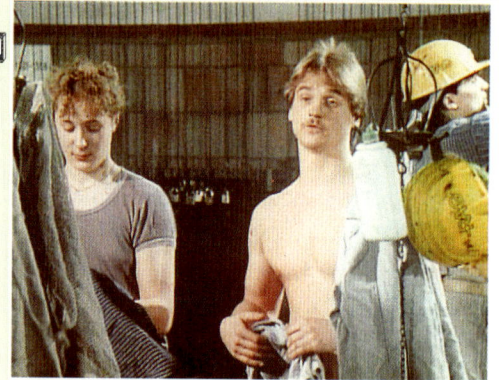

Philipp: Sag mal, Clemens, was spendierst du denn heute nach der Schicht?
Clemens: Ich? Wieso?
Robert: Na hör mal! Du hast doch heute Geburtstag!
Clemens: Na und?
Philipp: Na und?! – Du bist jetzt 18. Das heißt, du bist volljährig.
Robert: Das muß doch gefeiert werden!
Clemens: Dafür habe ich kein Geld. Ich will mir ein kleines Motorrad kaufen.
Philipp: Ach komm: Clemens! Du bist ja nur geizig.

7 Was ist richtig?

a) ☐ Clemens will seinen Freunden etwas spendieren.
b) ☐ Er wird heute 18.
c) ☐ Clemens hat kein Geld.

Clemens, seine Freunde und die anderen Kumpels treffen sich an ihrem Pausenplatz ...

Clemens: Was ist los? Warum eßt ihr nicht?
Robert: Du mußt ihnen etwas spendieren!
Clemens: Ich habe nichts!
Philipp: Macht nichts. Wir haben etwas für dich besorgt. Hier: Getränke, Süßigkeiten, Brötchen, Schinken – und die Torte!
Robert: Nächste Woche bekommst du die Rechnung.

Was ist richtig?

d) ☐ Clemens hat keinen Hunger.
e) ☐ Die Freunde haben zu essen und zu trinken besorgt.
f) ☐ Clemens bezahlt die Rechnung.

spendieren
die Schicht
der Geburtstag
volljährig
das heißt

das muß gefeiert werden
geizig
besorgen
Süßigkeiten

Und wie ging die Geschichte zu Ende?

Philipp: Komm, iß, Clemens! Du hast doch heute Geburtstag, du wirst volljährig. Das feiern wir jetzt!
Clemens: Wann kommt die Rechnung?
Robert: Nächste Woche.
Philipp: So, jetzt sagen wir es ihm: Also Clemens, wir haben alles bezahlt. Das ist unser Geburtstagsgeschenk für dich.
Clemens: Danke!
Philipp: Auf dein Wohl, Clemens! Auf ein schönes neues Lebensjahr!

Was ist richtig?

g) ☐ Die Kumpel haben die Getränke bezahlt. Clemens bezahlt nur das Essen.
h) ☐ Nächste Woche bekommt Clemens die Rechnung.
i) ☐ Die Kumpels haben Clemens zum Geburtstag alles bezahlt.

Was finden Sie richtig?

☐ Clemens hat sich richtig verhalten.
☐ Die Kumpels haben sich richtig verhalten.
☐ Man muß zum Geburtstag immer etwas spendieren.
☐ Das Berufsleben „unter Tage" ist interessant.

das Brötchen, die Brötchen
der Schinken
die Torte, die Torten
die Rechnung,
   die Rechnungen
bezahlen
Auf dein Wohl!
der Kumpel, die Kumpels

Zeche im Ruhrgebiet

Lösungsschlüssel

1
Max:	Hallo, Bernd! Du hast es so eilig!
Bernd:	Ja, ich gehe zu meiner neuen Freundin! Und du?
Max:	Ich gehe auch zu meiner Freundin.
Bernd:	So. Was hast du denn in deiner großen Tüte?
Max:	Eine karierte Jacke und einen karierten Rock.
Bernd:	Kariert?
Max:	Ja! – Meine Freundin trägt nur karierte Sachen.
Bernd:	Meine Freundin auch! – Nur karierte Sachen!!
Max:	Das ist ja komisch! Und was hast du in deiner Tüte?
Bernd:	Einen karierten Hut.
Max:	Sag mal, wie sieht deine Freundin denn aus?
Bernd:	Ja – sie hat lange Beine, dunkle Haare und dunkle Augen ...
Max:	Aber das ist ja Amelie – meine Freundin!

– Bernd hat keine Zeit.   – Bernd hat eine neue Freundin.

2 eine karierte Jacke, ein karierter Rock – ein karierter Hut

3 Amelie trägt nur karierte Sachen.
Amelie hat lange Beine, dunkle Haare und dunkle Augen.
Amelie ist die Freundin von Max und von Bernd.

5
Max:	Wann heiraten wir, Amelie?
Amelie:	Nächste Woche, am 8. Juli. Dann ist der Schal fertig.
	...
Max:	Amelie, wir wollten doch heute heiraten!
Amelie:	Es geht nicht Max! Der Schal ist erst nächsten Monat fertig.
Max:	Amelie! Wann heiraten wir?
Amelie:	Nächsten Monat, Max. Im August.
	...
Max:	Oh nein! Der Schal ist immer noch nicht fertig.
Amelie:	Tut mir leid, Max. Der Schal ist erst nächstes Jahr fertig.
Max:	Was? – Erst nächstes Jahr?
Amelie:	Ja. Nächstes Jahr können wir heiraten.

30. Juni	8. Juli	10. August
Nächste Woche	Nächsten Monat	erst nächstes Jahr
am 8. Juli	Im August	– –

6
○	△
im November	am nächsten Donnerstag
am Fünften	am Dienstag um zehn
Am Dienstag	Im Herbst
im November	im Dezember
am Vierzehnten	Um zehn Uhr
um halb elf	am Fünfzehnten
im nächsten Jahr	im Januar

7 b / e / i

Der wievielte ist heute?

23

**Max und Amelie wollen in die Schweiz.
An der Grenze erleben sie eine böse Überraschung.**

Grenzbeamter:	Ihre Pässe bitte!
Max:	Ja, hier.
Beamter:	Ihr Paß ist ungültig!
Max:	Was?
Amelie:	Seit wann ist er abgelaufen?
Beamter:	Seit dem 10. Mai 87.
Max:	Und der wievielte ist heute?
Beamter:	Der 1. Februar 88!
Max:	Nun können wir nicht über die Grenze.

1 Antworten Sie.

1. Bis wann war der Paß gültig?
2. Welcher Tag ist heute?
3. Seit wieviel Monaten ist der Paß ungültig?

a) Der 1. Februar b) Bis zum 10. Mai 1987 c) Seit 9 Monaten

1	2	3

ungültig = nicht gültig
Adjektive bilden den Gegensatzbegriff sehr oft
mit der Vorsilbe un: gemütlich – ungemütlich.
Das gilt auch für Nomen: Glück – Unglück etc.

143

23

Amelie und ihre Freundin Susanne wollen Max zu einer Radtour mitnehmen. Max möchte aber lieber ein Fußballspiel im Fernsehen anschauen. Er stellt sich „krank", aber Amelie und Susanne wissen bald, wie sie ihn mit einer Unzahl von Medikamenten schnell kurieren können ...

Amelie:	Ach, Max!
Susanne:	Ach, er ist ja so krank!
Amelie:	Max, davon mußt du zwei Tabletten nehmen.
Max:	Wie oft?
Amelie:	Dreimal pro Tag.
Max:	Wie lange muß ich die nehmen?
Amelie:	Eine Woche lang.
Susanne:	Diese Tropfen mußt du viermal pro Tag nehmen.
Max:	Wie oft?
Susanne:	Viermal pro Tag. – Zwei Wochen lang!
Amelie:	Und von diesen Pillen mußt du fünfmal pro Tag 2 Stück nehmen.
Susanne:	Und diesen Saft mußt du einen Monat lang trinken.
Amelie:	Und diese Pillen mußt du einmal pro Monat nehmen.
Max:	Also gut! Ihr habt gewonnen! Eins zu null für euch! Jetzt fahren wir los!

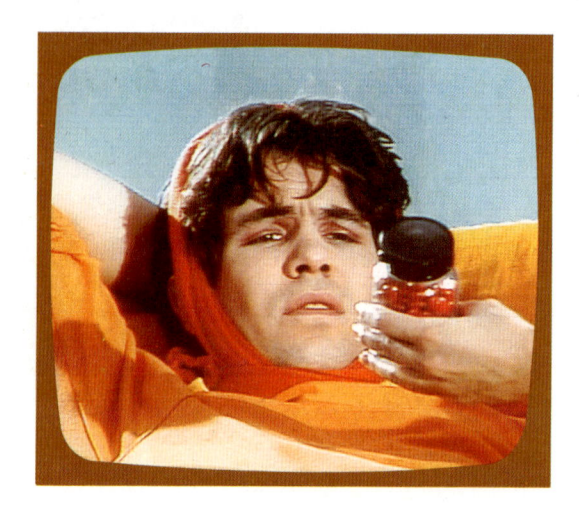

2 *Fassen Sie zusammen: Welches Medikament? Wie viel? Wie oft? Wie lange? Schreiben Sie die Informationen aus dem Text in die Tabelle.*

	Medikament	Wieviel?	Wie oft?	Wie lang?
1	Tabletten			
2				2 Wochen lang
3			5x pro Tag	
4				
5				

144

Schweiz

23

23

Oliver, Fabian und Christine haben von ihren Eltern zum ersten Mal das Auto für eine Fahrt nach Schaffhausen in der Schweiz bekommen ...

3 Welche Äußerung von Oliver, Christine und Fabian paßt zu welcher Situation? Ordnen Sie zu.

1. *e*	Oliver, Fabian und Christine dürfen zum ersten Mal mit dem Auto in die Schweiz.	4.	Christine ist vom Rheinfall bei Schaffhausen begeistert.
2.	Sie kaufen in einem Geschäft in der Schweiz ein.	5.	Oliver sucht seine Brieftasche.
3.	Sie sprechen mit einem Motorradfahrer und seiner Freundin.	6.	Der Motorradfahrer bringt die Brieftasche ins Café.

a) *Christine:* "Ich könnte jedes Wochenende an den Rheinfall fahren!"

b) *Oliver:* "Oh danke! Dürfen wir Sie zu einem Kaffee einladen?"

c) *Motorradfahrer:* "An den Rheinfall fahren Sie? Dann müssen Sie auch auf die Burg gehen."

d) *Fabian:* "Die Brieftasche? Die wird Christine haben."

e) *Christine:* "Es ist das erste Mal, daß Papa uns das Auto gegeben hat."

f) *Oliver:* "Können wir auch mit deutschem Geld bezahlen?"

4 Erinnern Sie sich? Wo haben die drei die Brieftasche vergessen?

☐ an der Tankstelle
☐ im Geschäft in der Schweiz
☐ im Boot auf dem Rhein
☐ im Auto

das Wochenende
die Burg, die Burgen

die Schweiz
der Rheinfall

die Brieftasche, die Brieftaschen
der Motorradfahrer

Lösungsschlüssel

1
Grenzbeamter:	Ihre Pässe bitte!
Max:	Ja, hier.
Beamter:	Ihr Paß ist ungültig!
Max:	Was?
Amelie:	Seit wann ist er abgelaufen?
Beamter:	Seit dem 10. Mai 1987.
Max:	Und der wievielte ist heute?
Beamter:	Der 1. Februar 88!
Max:	Nun können wir nicht über die Grenze.

1 b / 2 a / 3 c

2
Amelie:	Ach, Max!
Susanne:	Ach, er ist ja so krank!
Amelie:	Max, davon mußt du zwei Tabletten nehmen.
Max:	Wie oft?
Amelie:	Dreimal pro Tag.
Max:	Wie lange muß ich die nehmen?
Amelie:	Eine Woche lang.
Susanne:	Diese Tropfen mußt du viermal pro Tag nehmen.
Max:	Wie oft?
Susanne:	Viermal pro Tag. – Zwei Wochen lang!
Amelie:	Und von diesen Pillen mußt du fünfmal pro Tag 2 Stück nehmen.
Susanne:	Und diesen Saft mußt du einen Monat lang trinken.
Amelie:	Und diese Pillen mußt du einmal pro Monat nehmen.
Max:	Also gut! Ihr habt gewonnen! Eins zu null für euch! Jetzt fahren wir los.

	Medikament	Wieviel?	Wie oft?	Wie lang?
1	Tabletten	2 Stück	3 x pro Tag	1 Woche lang
2	Tropfen		4 x pro Tag	2 Wochen lang
3	Pillen	2 Stück	5 x pro Tag	
4	Saft			1 Monat lang
5	Pillen		1 x pro Monat	

3 1 e / 2 f / 3 c / 4 a / 5 d / 6 b

4 im Geschäft in der Schweiz

24 *Im Museum ißt man nicht*

Max hat Melanie ins Museum eingeladen. Er möchte sich dort Gemälde anschauen. Melanie aber hat andere Interessen.

Max:	Im Museum macht man keine Musik!
Melanie:	Ich möchte aber Musik machen!
Max:	Das darf man hier aber nicht! Melanie, im Museum ißt man nicht!
Melanie:	Ich will aber einen Apfel essen!
Max:	Man darf hier aber nicht essen! *(Max möchte Melanie küssen)*
Melanie:	Im Museum küßt man nicht!

1 Was möchte Melanie im Museum machen?

Sie möchte a) _____

b) _____

Was möchte Max?

Er möchte c) _____

2 Was darf man in diesem Museum nicht machen?

a) Man darf keine _____

b) Man darf nicht _____

c) Man darf nicht _____

küssen
man

148

3 Was paßt zusammen? Ordnen Sie zu.

a)
b)
c)

1. Arbeiten verboten!
2. Küssen verboten!
3. Essen verboten!
4. Schlafen verboten!
5. Musik hören verboten!
6. Fragen verboten!
7. Rauchen verboten!

d)
e)
f)
g)

1	2	3	4	5	6	7

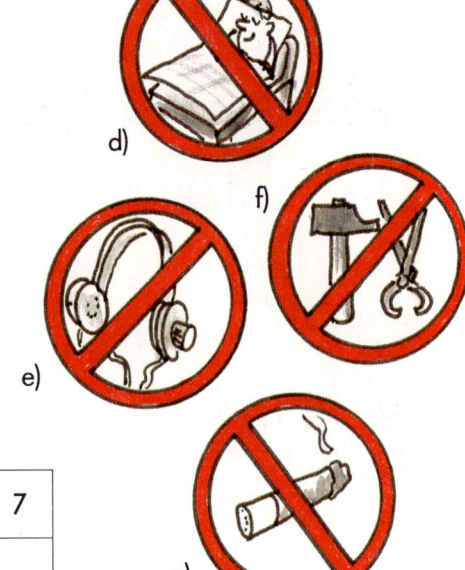

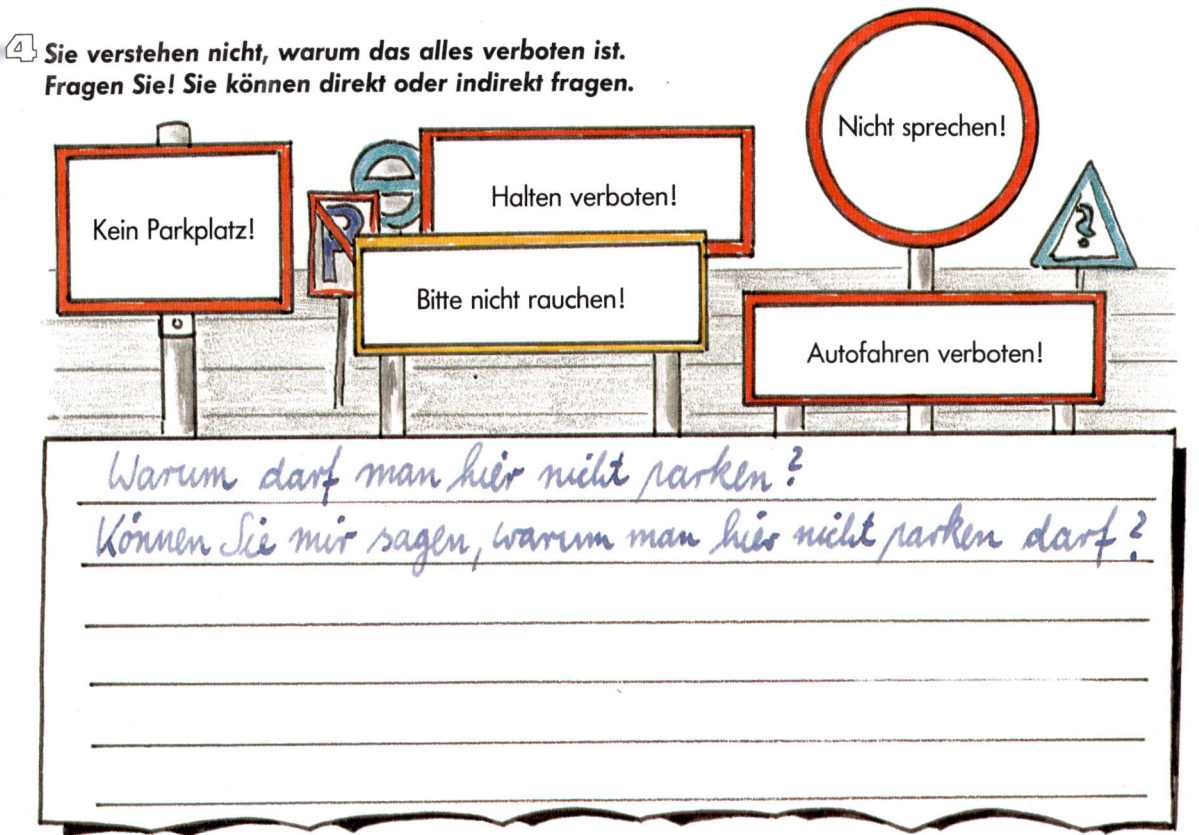

4 Sie verstehen nicht, warum das alles verboten ist. Fragen Sie! Sie können direkt oder indirekt fragen.

Kein Parkplatz!

Halten verboten!

Bitte nicht rauchen!

Nicht sprechen!

Autofahren verboten!

Warum darf man hier nicht parken?
Können Sie mir sagen, warum man hier nicht parken darf?

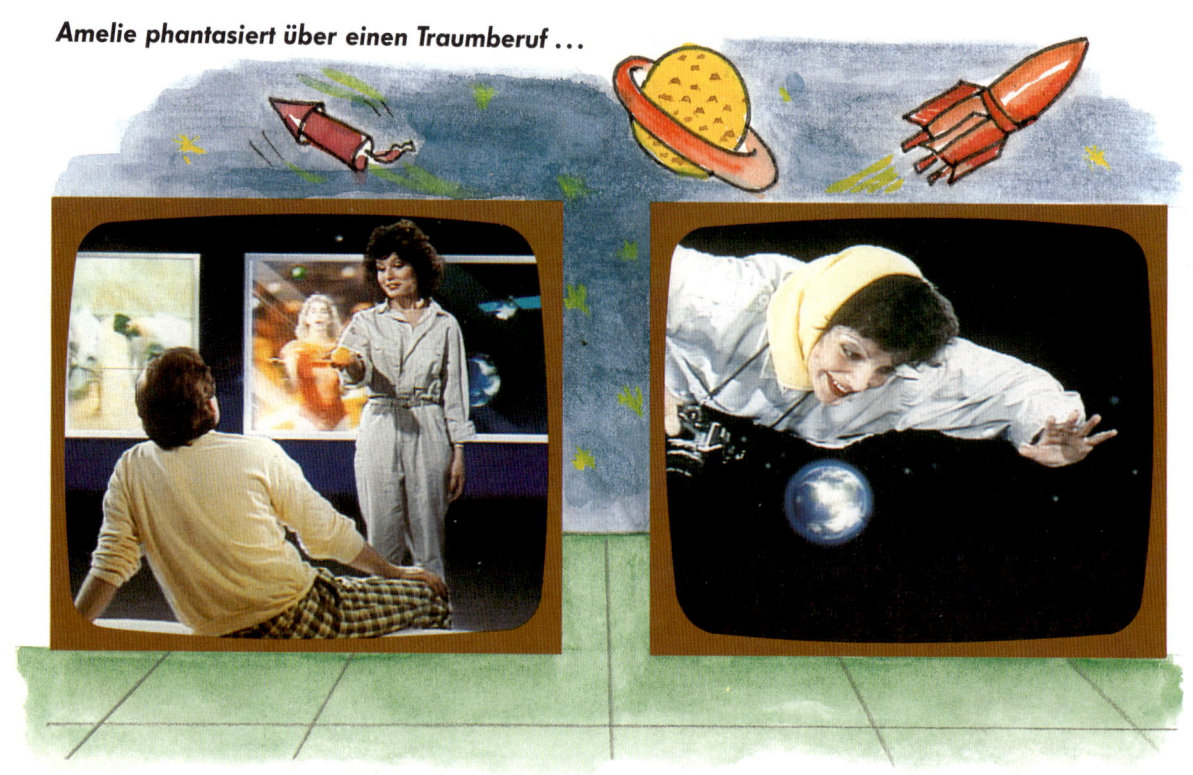

24

Amelie phantasiert über einen Traumberuf ...

Amelie: Ich wäre so gerne Tänzerin!
Oder nein – ich wäre so gerne Artistin!
Oder nein – ich wäre so gerne Astronautin!
Wenn ich Astronautin wäre, dann hätte ich die ganze Welt unter mir!
Ich hätte dann einen Fotoapparat und würde herrliche Bilder machen.
Ach, wäre das schön!
Max: Nein! Das wäre gar nicht schön!
Amelie: Warum nicht?
Max: Dann wärst du jetzt nicht hier.
Dann wärst du im Weltall.

5 *Was denkt Max darüber?*

☐ Er freut sich darüber.
☐ Er ist nicht glücklich darüber.
☐ Er möchte mit Amelie ins Weltall fliegen.

s. S. 168

5 *Amelie ist keine Astronautin. Sie hat auch keinen Fotoapparat. Sie stellt es sich nur vor.*

Phantasieren Sie nun wie Amelie.

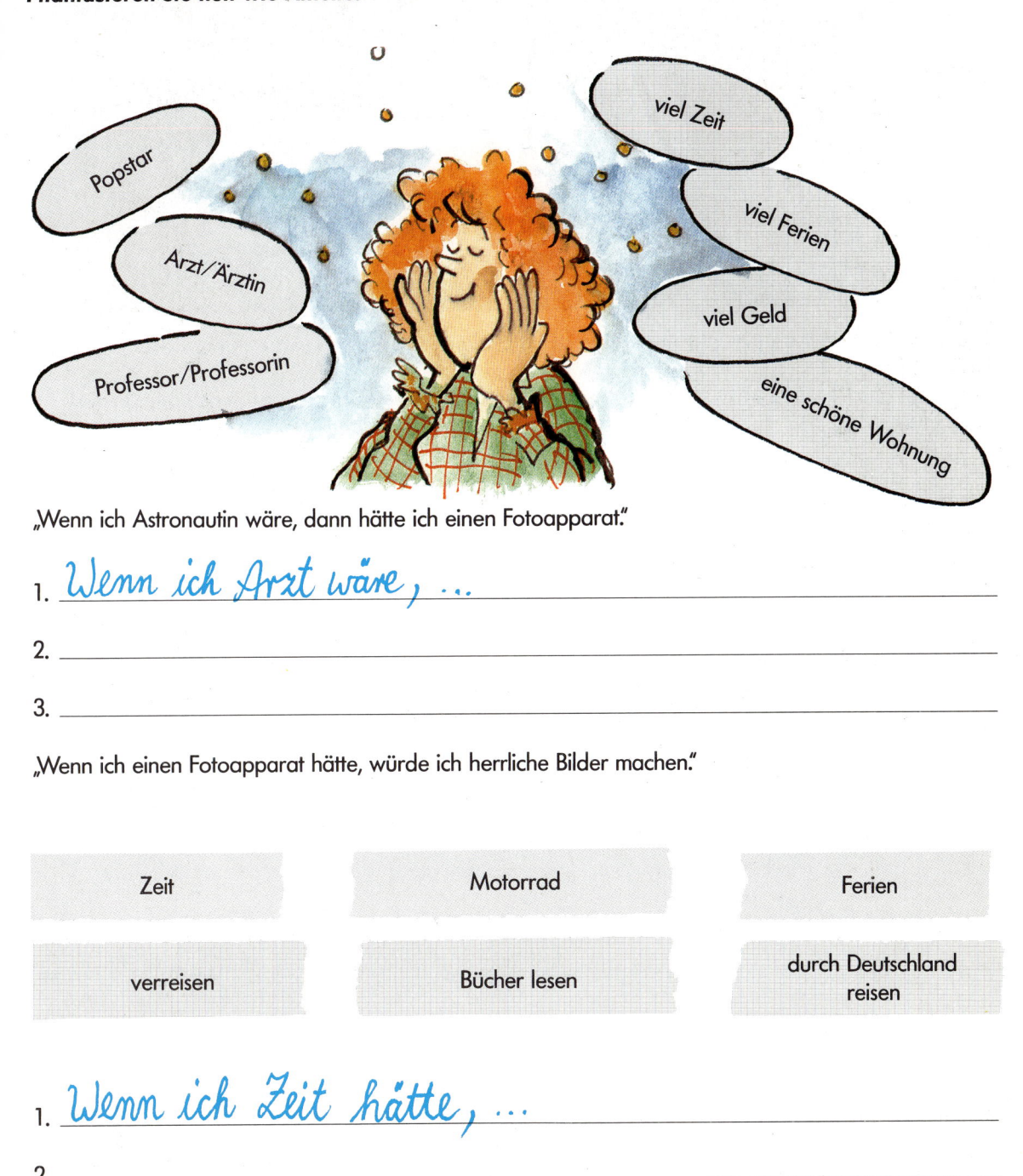

- Popstar
- Arzt/Ärztin
- Professor/Professorin
- viel Zeit
- viel Ferien
- viel Geld
- eine schöne Wohnung

„Wenn ich Astronautin wäre, dann hätte ich einen Fotoapparat."

1. *Wenn ich Arzt wäre, ...*
2. _____
3. _____

„Wenn ich einen Fotoapparat hätte, würde ich herrliche Bilder machen."

Zeit	Motorrad	Ferien
verreisen	Bücher lesen	durch Deutschland reisen

1. *Wenn ich Zeit hätte, ...*
2. _____
3. _____

24

In der hessischen Stadt Königstein nahe bei Frankfurt/Main wird ein neuer Bürgermeister gewählt...

7 Suchen Sie in den Dialogen die Antworten auf die folgenden Fragen und unterstreichen Sie diese Antworten.
Bei einem Spaziergang trifft der Kandidat Rüdiger Krein seinen Bruder, der gerade ein Wahlplakat liest...

Albert Krein:	Du Rüdiger, was sind das für Arbeitsplätze?
Rüdiger Krein:	Ein Frankfurter will hier eine Hutfabrik bauen. Meine Partei ist für die Fabrik – die anderen Parteien sind dagegen.

a) Was soll in Königstein gebaut werden?
b) Wie findet Rüdiger Kreins Partei das?

Die Konkurrentin Ariane Schlüter diskutiert mit einem Mann auf der Straße.

Mann:	Aber es wäre doch schön, wenn wir eine Fabrik in Königstein hätten. Wir hätten dann endlich mehr Arbeitsplätze in unserer Stadt.
Ariane Schlüter:	Frankfurt ist nur 20 km von Königstein entfernt. Und da gibt es auch Arbeitsplätze! Königstein ist ein Kurort, und die Menschen wollen sich hier erholen!

c) Was für Konsequenzen hätte eine neue Fabrik?
d) Was wollen die Leute in Königstein nach Ariane Schlüters Meinung?

      der Arbeitsplatz, die Arbeitsplätze   ist entfernt
      die Fabrik, die Fabriken   der Kurort, die Kurorte
      die Partei, die Parteien   der Mensch, die Menschen
      mehr   sich erholen

24

Der 18jährige Jens Weigert hat die Wahlbenachrichtigung durch die Post erhalten ...

Vater Weigert: Hier! Deine Wahlbenachrichtigung.
Jens Weigert: Ah, ja!
Vater Weigert: Du bist ja jetzt 18. Du kannst diesmal wählen.
Jens Weigert: Klar, mach ich auch! Aber nicht deinen Kandidaten, sondern meine Kandidatin!

e) Warum darf Jens wählen?
f) Wird er wählen?

Rüdiger Krein und seine Frau Jutta treffen die Konkurrentin Ariane Schlüter am Wahlstand ...

Jutta Krein: Hallo, Ariane!
Rüdiger Krein: Schade, Ariane, daß du nicht "ja" zu mir sagst. Du wärst eine gute Parteifreundin.
Ariane Schlüter: Nein, das wäre ich nicht, lieber Rüdiger! Ich will keine Fabrik in Königstein!

g) Was hält Rüdiger Krein von Ariane?
h) Warum ist Ariane Schlüter gegen Rüdiger Kreins Politik?

Nach der Wahl bei der Auszählung der Stimmen durch die Wahlhelfer ...

1. Helfer: Spannend! Das ist ja ein Kopf-an-Kopf-Rennen!
2. Helfer: Ich glaube, Rüdiger Krein gewinnt.
3. Helfer: Und ich glaube, Ariane Schlüter gewinnt.

8 Wer soll Bürgermeister werden? Wer ist Ihr Favorit? Wählen Sie.

a) Rüdiger Krein
b) Ariane Schlüter
c) keiner von beiden

die Wahlbenachrichtigung
wählen
der Kandidat, die Kandidaten
die Kandidatin, die Kandidatinnen
das Kopf-an-Kopf-Rennen
gewinnen

Lösungsschlüssel

1 Max: Im Museum macht man keine Musik!
Melanie: Ich möchte aber Musik machen!
Max: Das darf man hier aber nicht!
Melanie, im Museum ißt man nicht!
Melanie: Ich will aber einen Apfel essen!
Max: Man darf hier aber nicht essen!
(Max möchte Melanie küssen)
Melanie: Im Museum küßt man nicht!

Sie möchte a) Musik machen
b) einen Apfel essen
Er möchte c) Melanie küssen

2 a) Man darf keine Musik machen.
b) Man darf nicht essen.
c) Man darf nicht küssen.

3

1	2	3	4	5	6	7
f	a	c	d	e	b	g

4 2. Warum darf man hier nicht halten?
Wissen Sie, warum man hier nicht halten darf?
3. Warum darf man hier nicht rauchen?
Können Sie mir sagen, warum man hier nicht rauchen darf?
4. Warum darf man hier nicht sprechen?
Haben Sie eine Ahnung, warum man hier nicht sprechen darf?
5. Warum darf man hier nicht Auto fahren?
Wissen Sie, warum man hier nicht Auto fahren darf?

5 Amelie: Ich wäre so gerne Tänzerin!
Oder nein – ich wäre so gerne Artistin!
Oder nein – ich wäre so gerne Astronautin!
Wenn ich Astronautin wäre, dann hätte ich
die ganze Welt unter mir!
Ich hätte dann einen Fotoapparat und würde
herrliche Bilder machen.
Ach, wäre das schön!
Max: Nein! Das wäre gar nicht schön!
Amelie: Warum nicht?
Max: Dann wärst du jetzt nicht hier!
Dann wärst du im Weltall.

Max ist nicht glücklich darüber.

6 *Sie haben mehrere Möglichkeiten.*
Hier einige Beispiele:

1 Wenn ich Arzt wäre, hätte ich eine schöne Wohnung.
2 Wenn ich Professorin wäre, hätte ich viel Ferien.
3 Wenn ich ein Popstar wäre, hätte ich viel Geld.

1 Wenn ich Zeit hätte, würde ich viele Bücher lesen.
2 Wenn ich ein Motorrad hätte, würde ich durch Deutschland reisen.
3 Wenn ich Ferien hätte, würde ich verreisen.

7 a) ... eine Hutfabrik
b) Meine Partei ist für die Fabrik –
c) ... mehr Arbeitsplätze in unserer Stadt
d) ... die Menschen wollen sich hier erholen
e) Du bist jetzt 18.
f) Klar, mach ich auch!
g) Du wärst eine gute Parteifreundin.
h) Ich will keine Fabrik in Königstein!

Du bist die Frau, die ich liebe

25

Max und Amelie sind Filmstars geworden. Sie drehen gerade einen Liebesfilm der Superlative ...

1 Ergänzen Sie.

Amelie: Oh Max, du bist der wundervollste Mensch, den ich kenne.

Max: Und du bist die wundervollste Frau, _____.

Amelie: Das ist das schönste Gesicht, _____.

Max: Und das sind die schönsten Haare, _____.

(Max streicht Amelie über das Haar, dabei verrutscht ihre Perücke)

Amelie: Du bist der nervöseste Schauspieler, _____.

Sprechblasen: ...die ich kenne. ...das ich kenne. ...die ich kenne. ...den ich kenne.

Kennst du	den Schauspieler? die Schauspielerin? das Buch?			
Das ist	der die das	beste Schauspieler, beste Schauspielerin, beste Buch,	den die das	ich kenne.

2 Was bewundert Max an Amelie?

Sie ist _____

Sie hat _____

Was bewundert Amelie an Max?

Er ist _____

Er hat _____

ein wundervoller Mensch	– der wundervollste Mensch
eine intelligente Schauspielerin	– die intelligenteste Schauspielerin
ein schönes Gesicht	– das schönste Gesicht
schöne Haare	– die schönsten Haare

155

s. S. 171

25

3 Ergänzen Sie.

Max ist ein wundervoller Mensch.

Aber für Melanie ist er der _____ Mensch!

Amelie ist eine wunderschöne Frau.

Aber für Max ist Melanie die _____ Frau!

Max hat ein schönes Gesicht.

Aber für Melanie ist es das _____ Gesicht!

Melanie hat auch schöne Haare.

Aber für Max sind es die _____ Haare!

Max ist aber leider auch ein sehr nervöser Schauspieler!

Für Melanie ist er deshalb der _____ Schauspieler!
deshalb

4 Ergänzen Sie.

Amelie kennt viele Menschen,
aber Max ist der wundervollste Mensch, den sie kennt.

Max kennt viele schöne Frauen,
aber Amelie ist die wunderschönste Frau, _____.

Amelie kennt viele Schauspieler,
aber Max ist der nervöseste Schauspieler, _____.

5 Konstruieren Sie ähnliche Dialoge.

○ Kennen Sie „Die Blechtrommel?"
△ Oh ja! Das ist ein Roman, den ich sehr mag!

○ Haben Sie „Das Boot" gesehen?
△ Nein. Aber das ist ein Film, den ich sehr gerne sehen möchte!

Der Film ist gut.	Ein Film, **den** ich liebe.
Das Land ist interessant.	Ein Land, **das** ich kenne.
Die Oper ist phantastisch.	Eine Oper, **die** ich gerne sehen möchte.

aus dem Film „Das Boot"

Hast du ... schon gehört?
Haben Sie ... gesehen?
Kennen Sie?
Lieben Sie ...?
Mögen Sie?
Haben Sie schon ... besucht?
Haben Sie ... gelesen?

| das Land | die Stadt | der Roman | der Film |
| der Wein | das Museum | die Oper | das Buch |

ich mag

25

Der Filmstar Paul Neske und seine Partnerin Laura Bird sollen in einer Talk-Show auftreten. Aber Paul Neske erscheint nicht im Studio. Der Regisseur, seine Assistentin, der Moderator – alle werden nervös ...

Wer sagt was? Ordnen Sie den Dialogen die entsprechenden Personen zu. (Vorsicht: Zwei Dialoge passen zu zwei Sprechern.)

①
○ Ich bin beunruhigt. Der Neske ist noch nicht da!
△ Ja ... hast du denn schon im Hotel angerufen? Natürlich! Aber er ist nicht im Hotel. Und niemand sah ihn weggehen!
△ Ist ja merkwürdig. Ist denn sein Fahrer noch im Hotel?
○ Ja, aber die Dame, mit der er sprach, sagte mir, daß Neske meistens zu Fuß geht.

③
○ Kann ich ein Autogramm haben?
△ Sehr gern!
○ Dankeschön!
△ Das war doch der Bus, mit dem ich fahren wollte!

○ Frau Bird, können Sie mir sagen, wo ich Paul Neske finden kann?
△ Ja, ist er denn immer noch nicht da?
○ Nein!
△ Ich weiß nicht, wo er ist. Wissen Sie, ich habe heute gedreht, und Paul hatte heute frei!

○ Meine sehr verehrten Damen und Herren. Ich bitte um Ihre Aufmerksamkeit. Wir müssen mit unserer Talkshow leider ohne Herrn Neske beginnen. Er ist noch unterwegs. Aber Frau Bird, seine Partnerin, ist da. Und ich bin sicher: sie ist eine interessante Gesprächspartnerin.

---

der Regisseur, die Regisseure
beunruhigt
anrufen
niemand
merkwürdig
zu Fuß gehen
das Autogramm, die Autogramme

der Bus, die Busse
drehen (einen Film drehen)
die Aufmerksamkeit
leider
beginnen
unterwegs

25

⑤
○ Frau Bird, kann ich mit Ihnen
   Deutsch sprechen?
△ Versuchen Sie es!
○ Sie sind die Partnerin von
   Paul Neske in diesem Film. Ist
   Paul Neske ein Schauspieler, mit
   dem es schwierig ist zu arbeiten?
△ Oh nein! Er ist nicht schwer.
   Er wiegt nur 60 Kilogramm.
○ Entschuldigen Sie. Ich meinte
   nicht "schwer"! Ich meinte
   "schwierig", kompliziert ...
△ Oh ja, ja - er ist schwierig!
   Paul ist jemand, der alles besser weiß!

⑥
○ Neske ist da!
△ Sofort ins Studio.
   Wir haben noch zwei Minuten!

⑦
○ Da ist der Star, auf den wir schon
   den ganzen Abend warten!
   Herzlich willkommen!
△ Entschuldigen Sie bitte! Ich ...
□ Du brauchst dich nicht zu
   entschuldigen, Paul. Wir haben uns auch
   ohne dich sehr gut unterhalten ...

a) Der Talkmaster
b) Assistentin und Regisseur
c) Assistentin und Laura Bird
d) Talkmaster und Frau Bird
e) Paul Neske und Fan
f) Talkmaster, Paul Neske und Laura Bird

1	2	3	4	5	6	7

Deutsch sprechen | schwer | jemand | ohne
versuchen | wiegen | besser | unterhalten
schwierig | meinen

159

25 Lösungsschlüssel

1 Amelie: Oh, Max, du bist der wundervollste Mensch, den ich kenne!
   Max: Und du bist die wundervollste Frau, die ich kenne.
   Amelie: Das ist das schönste Gesicht, das ich kenne.
   Max: Und das sind die schönsten Haare, die ich kenne.
   Amelie: Du bist der nervöseste Schauspieler, den ich kenne!

2 Sie ist die wundervollste Frau.
   Sie hat die schönsten Haare.
   Er ist der wundervollste Mensch.
   Er hat das schönste Gesicht.

3 ... der wundervollste Mensch!
   ... die wunderschönste Frau!
   ... das schönste Gesicht!
   ... die schönsten Haare!
   ... der nervöseste Schauspieler!

4 ... die wunderschönste Frau, die er kennt.
   ... der nervöseste Schauspieler, den sie kennt.

5 *Sie haben mehrere Möglichkeiten.*
   Hier die Beispiele:

   ○ Kennen Sie „Aida"?
   △ Oh ja, das ist eine Oper, die ich sehr mag.
     (Das ist die tollste Oper, die ich kenne.)
     (Ja, aber das ist eine Oper, die ich nicht mag.)

   ○ Haben Sie schon Rom besucht (gesehen)?
   △ Oh ja! Das ist eine Stadt, die ich wunderbar finde!
     (Nein. Aber das ist eine Stadt, die ich sehr gerne sehen möchte.)

   ○ Haben Sie schon Rheinwein getrunken?
   △ Oh ja, das ist ein Wein, den ich sehr oft trinke!

6

1	2	3	4	5	6	7
b	c	e	a	d	b	f

Ich wünsche Ihnen alles Gute 26

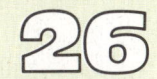

Franziska und Julian sind von München nach Köln gefahren, um hier den Karneval zu erleben. Da begegnet Franziska zufällig ihren beiden Schulfreundinnen Hella und Stefanie, die sie seit zwei Jahren nicht mehr gesehen hat. Sie wollen sich am nächsten Tag bei dem großen Maskenumzug wieder treffen ...

Was gehört zusammen? Rekonstruieren Sie die Dialoge. Ordnen Sie den Äußerungen auf der linken Seite die passenden Repliken zu.

1. Hella:
"Das ist ja Franziska!"

2. Franziska:
"Das waren meine beiden Schulfreundinnen Hella und Stefanie. Ich habe die beiden seit zwei Jahren nicht mehr gesehen!"

3. Hella:
"Schön, dich wiederzusehen, Franziska!"

4. Stefanie:
"Seit wann seid ihr hier?"

5. Hella:
"Wo schaut ihr euch den Zug an?"

6. Stefanie:
"Kostümiert ihr euch?"

a) Franziska:
"Ja, ich freue mich auch sehr!"

b) Julian:
"Seit gestern abend."

c) Julian:
"In der Trankgasse."

d) Julian:
"So ein Zufall! Köln ist eben klein!"

e) Franziska:
"Mensch, Hella! - Stefanie!"

f) Franziska:
"Ich würde schon, aber Julian mag nicht."

1	2	3	4	5	6

anschauen
der Zug (Umzug)
sich kostümieren

der Zufall, die Zufälle
eben

26

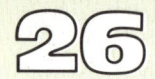

Alle, auch Dominik und Jens, die Freunde von Hella und Stefanie, finden sich beim Umzug ein. Aber weil außer Julian alle kostümiert sind, gibt es „Verwechslungen"...

```
Franziska:  Ach, Julian, ich finde den
            Kölner Karneval herrlich!
            Du nicht?
Julian:     Doch, - doch.
            Ein bißchen laut ist er
            schon, - oder?
Franziska:  Das ist doch schön! Komm!
```

2 Was ist richtig?

☐ a) Julian findet den Karneval phantastisch.
☐ b) Julian glaubt, daß der Karneval in Köln sehr laut ist.
☐ c) Der Karneval ist nicht schön.

Julian wird von unbekannten Masken umringt und verliert dabei seine Frau aus den Augen ...

```
Julian:   Laßt mich los, bitte!
          Meine Frau ist weg!
Hella:    Die finden wir schon wieder!
Dominik:  Wozu brauchst du jetzt deine Frau?
          Du hast doch uns!
Julian:   Wer seid ihr? Kennt ihr mich?
          Sagt doch! Seid ihr die Freunde
          von Franziska?
```

3 Was ist richtig?

☐ a) Julian ist nicht glücklich.
☐ b) Hella sucht Franziska.
☐ c) Julian weiß, daß es die Freunde von Franziska sind.

4 Und wie ging die Geschichte zu Ende?

Was ist richtig?

☐ a) Die Freunde bringen Franziska zu Julian zurück.
☐ b) Julian findet seine Frau erst am nächsten Tag.
☐ c) Alle sind wieder zusammen und feiern den Karneval.

Laßt mich los!
Wozu?
der Karneval

Lösungsschlüssel

1	2	3	4	5	6
e	d	a	b	c	f

2 b
3 a
4 c

26

163

GR *Übersicht über die Grammatik*

A Satzbaupläne

Der Hauptsatz

Das Zentrum des deutschen Satzes ist das Verb, um das herum sich die anderen Satzglieder gruppieren.

	1	2	3
Der Aussagesatz		**Verb**	
	Ich	heiße	Amelie.
	Mein Name	ist	Meier.
	Meier	ist	mein Name.
	Das	ist	Anna.
Die Wortfrage		**Verb**	
	Wie	heißen	Sie?
	Wo	ist	Melanie?
Die Satzfrage	**Verb**		
	Haben	Sie	ein Zimmer frei?
	Nehmen	Sie	das Zimmer?

Die Satzklammer

Das Charakteristische für den deutschen Satz ist, daß das Verb häufig in zwei Teilen erscheint. Es bildet dann eine Satzklammer, die die anderen Satzglieder einrahmt/einschließt.

a) Verben mit Verbzusatz (trennbare Verben)

Infinitiv	1	2	3	4
		Verb		
hierbleiben	Wir	bleiben	nicht	hier.
losfahren	Wir	fahren	morgen	los.

b) Modalverben und Infinitiv

hierbleiben mögen	Ich	muß	heute noch	hierbleiben.
losfahren wollen	Wir	wollen	aber heute	losfahren.

c) Perfekt

träumen	Ich	habe	gestern	geträumt.
fliegen	Ich	bin	über das Wasser	geflogen.

d) Passiv

bringen	Der Kaffee	wird	heute abend	gebracht.
schließen	Die Fenster	werden	aber nicht	geschlossen.

Nebensätze:

Nebensätze mit „weil" (Kausalsätze) → S. 96
Nebensätze mit „als" (Temporalsätze) → S. 119
Nebensätze mit „wenn" (Konditionalsätze, Temporalsätze) → S. 123, 151
Nebensätze mit „warum" (indirekter Fragesatz) → S. 98, 131, 149
Nebensätze mit Relativpronomen („der", „die", „das") → S. 155 ff.

B Das Verb

Die Konjugation: Präsens

	Singular			Plural		
1. Person	ich	komm e		wir	komm en	
2. Person	du	komm st		ihr	komm t	
	Sie	komm en	zu spät.	Sie	komm en	zu spät.
3. Person	er sie es	komm t		sie	komm en	

Bei Verben, deren Stamm auf *-s, -ß* oder *-z* endet, fällt in der 2. Person Singular das *-s-* der Endung *-st* weg:

heißen: du heißt   tanzen: du tanzt

Bei Verben, deren Stamm auf *-d, -t* oder Konsonant (außer *l* und *r*) + *n* endet, wird in der 2. Person Singular und Plural und der 3. Person Singular ein *-e-* eingefügt:

finden: du findest, er findet, ihr findet – warten: du wartest, er wartet, ihr wartet – öffnen: du öffnest, er öffnet, ihr öffnet

Bei einigen unregelmäßigen Verben verändert sich in der 2. und 3. Person Singular der Stammvokal:

sehen: du siehst, er sieht
helfen: du hilfst, er hilft
lesen: du liest, er liest
sprechen: du sprichst, er spricht
nehmen: du nimmst, er nimmt

geben: du gibst, er gibt
fahren: du fährst, er fährt
schlafen: du schläfst, er schläft
tragen: du trägst, er trägt

Trennbare Verben

Bei manchen Verben wird die betonte Vorsilbe bei der Konjugation vom Stamm getrennt.

anfangen: Ich *fange* heute morgen *an*.

zurückkommen: Ich *komme* früh *zurück*.

hierbleiben: Ich *bleibe* nicht *hier*.

GR

Der Imperativ

	gehen	nehmen	anfangen
Singular	geh !	nimm !	fang an!
	geh en Sie !	nehm en Sie !	fang en Sie an!
Plural	geh t !	nehm t !	fang t an!
	geh en Sie !	nehm en Sie !	fang en Sie an!

Die Hilfsverben: haben / sein / werden

Singular

1. Person	ich habe	ich bin	ich werde
2. Person	du hast	du bist	du wirst
	Sie haben	Sie sind	Sie werden
3. Person	er / sie / es hat	er / sie / es ist	er / sie / es wird

Plural

1. Person	wir haben	wir sind	wir werden
2. Person	ihr habt	ihr seid	ihr werdet
	Sie haben	Sie sind	Sie werden
3. Person	sie haben	sie sind	sie werden

Die Modalverben

Singular

1. Person	ich möchte	ich will	ich muß	ich kann	ich darf
2. Person	du möchtest	du willst	du mußt	du kannst	du darfst
	Sie möchten	Sie wollen	Sie müssen	Sie können	Sie dürfen
3. Person	er / sie / es möchte	er / sie / es will	er / sie / es muß	er / sie / es kann	er / sie / es darf

Plural

1. Person	wir möchten	wir wollen	wir müssen	wir können	wir dürfen
2. Person	ihr möchtet	ihr wollt	ihr müßt	ihr könnt	ihr dürft
	Sie möchten	Sie wollen	Sie müssen	Sie können	Sie dürfen
3. Person	sie möchten	sie wollen	sie müssen	sie können	sie dürfen

GR

Die Konjugation: Perfekt

Das Perfekt wird aus der konjugierten Form von *haben* oder *sein* und dem Partizip des Verbs gebildet.

träumen: ich habe geträumt, du hast geträumt, er hat geträumt etc.
fliegen: ich bin geflogen, du bist geflogen, er ist geflogen etc.

Perfekt mit *sein* und Perfekt mit *haben* → S. 57, 101, 102

Das Partizip II

der regelmäßigen Verben		der unregelmäßigen Verben	
machen:	ge macht	nehmen:	ge nommen
warten:	ge wartet	helfen:	ge holfen
aufpassen:	auf ge paßt	anfangen:	an ge fangen
besuchen:	besucht	verstehen:	verstanden
funktionieren:	funktioniert	sein:	ge wesen
haben:	ge habt		

Das Perfekt ist die (vor allem im Süddeutschen) gebräuchliche Vergangenheitsform. Es drückt im Gegensatz zum Präteritum eine Beziehung des Sprechers zu dem vergangenen Geschehen aus, sei es, daß es ihn besonders betrifft, sei es, daß es ein in der Vergangenheit begonnenes Geschehen beschreibt, das bis zur Sprechergegenwart fortdauert.

Die Konjugation: Präteritum

sagen			geh en		
	ich sag t e			ich ging	
	du sag t est			du ging st	
	Sie sag t en			Sie ging en	
	er			er	
	sie | sag t e			sie | ging	
	es			es	
	wir sag t en			wir ging en	
	ihr sag t et			ihr ging t	
	Sie sag t en			Sie ging en	
	sie sag t en			sie ging en	

regelmäßige Verben   *unregelmäßige Verben*

Bei den unregelmäßigen Verben ist es am besten, sich die Stammformen einzuprägen.

Hilfsverben

Bei den Hilfsverben wird als Vergangenheitsform auch umgangssprachlich meist das Präteritum (statt des umständlicheren Perfekts) verwendet. Haben / müssen / können / wollen / dürfen werden dabei wie die regelmäßigen Verben konjugiert, *sein* wie die unregelmäßigen.

haben: ich hatte, du hattest, er hatte etc.
müssen: ich mußte, du mußtest, er mußte etc.
können: ich konnte, du konntest, er konnte etc.
wollen: ich wollte, du wolltest, er wollte etc.

sein: ich war, du war st, er war, wir war en, ihr war t, sie war en

Konjugation: Futur I

Das Futur I wird mit der konjugierten Form von *werden* + dem Infinitiv des Verbs gebildet:

regnen: es wird regnen.

Man benutzt jedoch im Deutschen auch für Sachverhalte in der Zukunft meist das Präsens.

Konjugation: Passiv Präsens

Das Passiv wird mit der konjugierten Form von *werden* + dem Partizip II des Verbs gebildet:

öffnen: Die Tür wird geöffnet.

Passivkonstruktionen werden verwendet, wenn der Blick auf den Vorgang und nicht auf die handelnde Person gerichtet ist.

Konjugation: Konjunktiv II

Der Konjunktiv II, abgeleitet vom Präteritum des Indikativs, kann mit *würde* (Konjunktiv II von *werden*) + Infinitiv des Verbs umschrieben werden. Der Konjunktiv drückt die Irrealität eines Vorgangs oder Zustandes aus; er kann aber auch zum Ausdruck bringen, daß etwas möglich ist. Schließlich verwendet man ihn für höfliche Bitten oder Wünsche.

a) Wenn ich könnte, würde ich nach Italien reisen.
b) Wir könnten ins Kino gehen.
c) Würden Sie mir bitte helfen?
d) Ich hätte gerne einen Mann.

Hilfsverben und Modalverben im Konjunktiv

Die Konjunktivform dieser Verben wird durch Umlaut vom Präteritum abgeleitet.

sein: ich wäre, du wärst, er wäre, wir wären, ihr wärt, sie wären
haben: ich hätte, du hättest, er hätte, wir hätten, ihr hättet, sie hätten
werden: ich würde, du würdest, er würde, wir würden, ihr würdet, sie würden
können: ich könnte, du könntest, er könnte, wir könnten, ihr könntet, sie könnten

C Die Nominalphrase

Der indefinite Artikel

Singular

Das ist ein Schlüssel.

Das ist eine Lampe.

Das ist ein Motorrad.

*Plural**

Das sind Schlüssel.

Das sind Lampen.

Das sind Motorräder.

Der definite Artikel

Singular

Der Schlüssel kostet 8,– DM

Die Lampe kostet 90,– DM

Das Motorrad kostet 2000,– DM

*Plural**

Die Schlüssel kosten 300,– DM
Die sind zu teuer.

Die Lampen kosten 250,– DM

Die Motorräder sind zu teuer.

* Die Pluralbildung des Nomens ist im Deutschen sehr vielfältig. Es gibt verschiedene Endungen und Vokalwechsel. Deshalb ist es für Sie jetzt noch am besten, jedes Substantiv mit seiner Pluralendung zu lernen.

„ein" – „kein"

Was ist das? Ist das ein Schlüssel?

Nein, das ist kein Schlüssel,

das ist eine Lampe.

	maskulinum	femininum	neutrum
Singular	ein / kein Schlüssel	ein e / kein e Lampe	ein / kein Motorrad
Plural	– / kein e Schlüssel	– / kein e Lampen	– / kein e Motorräder

GR

Die verschiedenen Fälle (Kasus)

Die Substantive, Adjektive und Funktionswörter können bis zu vier verschiedene Formen aufweisen: die Kasus (Fälle).
Die vier Fälle sind: Nominativ, Akkusativ, Dativ, Genitiv.

Die Funktion der vier Fälle:
Das Subjekt eines Satzes steht z.B. im Nominativ, die Ergänzungen im Dativ oder Akkusativ.

	maskulinum	femininum	neutrum	
Nominativ				
Hier ist	der Hut,	die Tasche,	das Hemd	Wer oder was?
Akkusativ				
Ich nehme	den Hut,	die Tasche,	das Hemd	Wen oder was?
Ich nehme	ihn,	sie,	es.	

s. S. 29

Dativ				
Ich gebe	dem Freund,	der Freundin,	dem Kind die Tasche.	Wem?

s. S. 48

| Ich gebe | ihm, | ihr, | ihm den Hut. |

Das Adjektiv in attributiver Verwendung

		Singular	Plural
Nominativ	Wohin kommt	der groß**e** Schrank? die neu**e** Tasche? das groß**e** Bett?	Wohin kommen die groß**en** Schränke?
Dativ	Ich schenke	dem neu**en** Freund der neu**en** Freundin eine Tasche. dem klein**en** Kind	Ich schenke den neu**en** Freunden eine Tasche.
Akkusativ	Er kauft	den groß**en** Schrank. die schön**e** Tasche. das neu**e** Sofa.	Er kauft die groß**en** Schränke.

D Die Präpositionale Ergänzung

Präpositionen mit Akkusativ oder Dativ

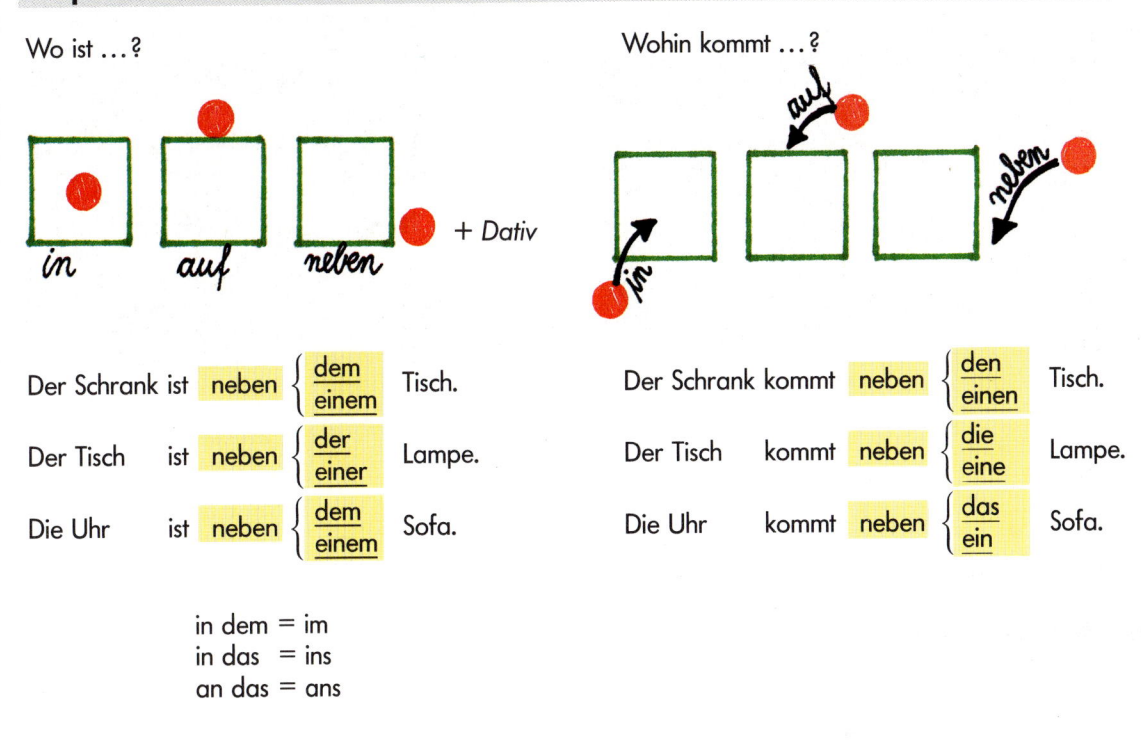

Wo ist …?

in   auf   neben   + Dativ

Wohin kommt …?

auf   neben   in

Der Schrank ist	neben	dem / einem	Tisch.
Der Tisch ist	neben	der / einer	Lampe.
Die Uhr ist	neben	dem / einem	Sofa.

Der Schrank kommt	neben	den / einen	Tisch.
Der Tisch kommt	neben	die / eine	Lampe.
Die Uhr kommt	neben	das / ein	Sofa.

in dem = im
in das = ins
an das = ans

E Die Steigerung

Das Sofa ist schön.
Ich finde das Sofa schöner als das neue hier.
Das Sofa ist am ältesten und am schönsten.

Formen:

	Positiv	Komparativ	Superlativ
regelmäßig	schön	schön er	am schön sten
	teuer	teur er	am teuer sten
Vokalwechsel	alt	ält er	am älte sten
	groß	größ er	am grö ßten
	kurz	kürz er	am kürz esten
unregelmäßig	gut	bess er	am be sten
	gern	lieb er	am lieb sten
	viel	mehr	am mei sten

Alphabetische Wortliste

Die folgende Wortliste führt alle Wörter und Wendungen auf, die in diesem Begleitbuch neu eingeführt werden. Die zugeordnete Seitenzahl verweist auf die Seite, wo Sie den jeweiligen Ausdruck im Kontext wiederfinden können.
Unter den Substantiven finden Sie die Endungen für die jeweilige Pluralform, z.B. <u>Abend</u>, -e = die <u>Abende</u> = Pluralform. In einigen Fällen finden Sie zusätzlich das Zeichen ¨. Es weist darauf hin, daß in der jeweiligen Pluralform der Stammvokal umgelautet wird, z.B. der <u>Apfel</u>, ¨ = die <u>Äpfel</u> = Pluralform.

A

der **Abend**, -e	42/100
abends	100
die **Abendzeitung**, -en	100
aber	32/38
ablaufen	147
abnehmen	133
abreißen	127
das **Abseits**	55
abtrennen	127
ach!	132
ach so!	74
acht	20
ärgern (sich)	114
die **Ärztin**, -nen	151
ah!	56
aha!	14
die **Ahnung**, -en	134
der **Alarm**	62
alle	73
allein	93
alles	26
als	68
also	80
alt	68
am	68/100/107
am (= an der, dem)	99
andere	68
anfangen	36
anrufen	158
anschauen	93/161
anspringen	134
der **Apfel**, ¨	24
der **April**	138
die **Arbeit**, -en	20
arbeiten	20
der **Arbeitsplatz**, ¨e	152
der **Arm**, -e	136
die **Artistin**, -nen	154
der **Arzt**, ¨e	151
der **Aschenbecher**, -	62
die **Assistentin**, -nen	159
die **Astronautin**, -nen	154
attraktiv	80
auch	20
auf	56/62/74
auf dein Wohl	141
auf Wiederhören	139
auf Wiedersehen	26
aufhaben	100

die **Aufmerksamkeit**	158
aufpassen	42
aufstehen	18
der **Aufzug**, ¨e	62
das **Auge**, -n	136
der **August**	138
aussehen	142
das **Auto**, -s	134
das **Autogramm**, -e	158
der **Autoschlüssel**, -	131

B

das **Bad**, ¨er	18
der **Bahnhof**, ¨e	51
bald	38
der **Baum**, ¨e	123
die **Banane**, -n	24
der **Beamte**, -n	147
begeistert	32
beginnen	158
bei	87
das **Bein**, -e	142
bekommen	132
das **Benzin**	131
beruhigen (sich ~)	122
besetzt	14
besorgen	140
besser (→ gut)	159
der **Besuch**, -e	116
besuchen	116
der **Betriebsrat**, ¨e	72
die **Betriebsversammlung**, -en	72
das **Bett**, -en	13
beunruhigt	158
bewegen (sich ~)	116
bezahlen	141
das **Bier**, -e	30
billig	26
bin (→ sein)	32
bis	128
bitte	14/20/26
bitte sehr!	80
bitten	44/74
das **Blatt**, ¨er	128
blau	68
bleiben	38/114
blond	136
blühen	128
die **Blume**, -n	68

das **Blumengesteck**, -e	30
der **Blumenstrauß**, ¨e	78
die **Bluse**, -n	100
brauchen	19/26/134
braun	136
der **Brief**, -e	56
die **Briefmarke**, -n	74
die **Brieftasche**, -n	146
die **Brille**, -n	56
bringen	54/62
das **Brötchen**, -	140
das **Brot**, -e	18
die **Brücke**, -n	92
das **Buch**, ¨er	94
der **Bundespräsident**, -en	61
die **Burg**, -en	146
der **Bus**, -se	158

C

die **Champignoncremesuppe**, -n	80

D

da	26/132
das **Dach**, ¨er	134
dafür (→ für)	74
dagegen (→ gegen)	74
da hin (→ hin)	51
die **Dame**, -n	24
danke	20/44
dann	44/51/62
darf (→ dürfen)	51
darüber (→ über)	74
das	12/14/62
das heißt	140
daß	82
davon (→ von)	110
dein	32
dem (→ der)	56
den (→ der)	62/160
denn	26/62
der	14/62
deshalb	15
deutsch	159
Deutschland	151
der **Dezember**	138
dich (→ du)	44
die	18/26

der **Dienstag**, -e	138
dieser, e, es	44/66/68
dir (→ du)	68
der **Direktor**, -en	87
doch	37/123
der **Doktor**, -en	100
der **Donnerstag**, -e	138
der **Dornkaat**	80
draußen	42
drehen	134/158
dreimal	147
drüben	132
drücken	62/134
du	14
dürfen	42/51
dunkel	142
durch	92
durchschneiden	127

E

eben	56
die **Ecke**, -n	68
eilig	142
ein	14
einfach	124
einmal	147
einschlafen	122
egal	80
elegant	97
die **Eltern**	114
empfangen	61
endlich	74/110
entfernt	152
entschuldigen	50
die **Entschuldigung**, -en	20
entsetzlich	36
er	32
der **Erdbeerkuchen**, -	110
erholen (sich ~)	152
die **Ernte**, -n	127
erst	142
erste	66
es	20/44
es geht (nicht)	142
es gibt	44
essen	80
der **Eßtisch**, -e	68
etwas	24/74
euch (→ ihr)	74

172

Seite | Seite | Seite | Seite

F

die **Fabrik**, -en	152
fahren	38
die **Fahrt**, -en	142
fallen	128
die **Farbe**, -n	96
der **Februar**	138
fehlen	100
feiern	120/141
der **Feiertag**, -e	139
das **Fenster**, –	128
fertig	30
das **Fieber**	100
der **Film**, -e	157
das **Finanzamt**, ¨-er	139
finden	44/74
der **Fisch**, -e	79
die **Flasche**, -n	124
fliegen	105
der **Flughafen**, ¨	104
das **Flugzeug**, -e	56
das **Foto**, -s	92
der **Fotoapparat**, -e	154
das **Fräulein**, –	116
fragen	100
die **Frau**, -en	30/160
frei	14
der **Freitag**, -e	138
freuen (sich ~)	116
der **Freund**, -e	32
die **Freundin**, -nen	142
frisch	100
der **Friseur**, -e	60
froh	32
der **Frühling**	128
fünfmal	147
für	32
funktionieren	62
der **Fuß**, ¨-e	136
zu **Fuß** gehen	158
der **Fußball**, ¨-e	54
der **Fußgänger**, –	92

G

der **Gast**, ¨-e	61
gar	122
geben	44/87
der **Geburtstag**, -e	78
die **Geduld**	74
gefallen	68
gegen	70/74
gehen	18/38/100/102
der **Geiger**, –	83
der **Geist**, -er	119
geizig	140
gelb	96

das **Geld**	105/133
gemütlich	61
das **Gepäck**	51
gerade	60/139
geradeaus	51
das **Geräusch**, -e	122
das **Gerät**, -e	24/134
gern/gerne	80/110
das **Geschäft**, -e	114
das **Geschenk**, -e	44
das **Gesicht**, -er	160
das **Gespräch**, -e	74
gesund	116
das **Getränk**, -e	77
gewinnen	147/153
das **Gewitter**, –	87
das **Gitter**, –	105
glauben	100
gleichmäßig	127
das **Glück**	54
glücklich	32
der **Grenzbeamte**, -n	147
die **Grenze**, -n	147
groß	68
grün/Grün	100
der **Gürtel**, –	32
die **Gulaschsuppe**, -n	80
gut	84/87
guten Tag	14

H

das **Haar**, -e	122
haben	14
häßlich	122
hätte (→ haben)	80
halb	18
hallo!	14
haltbar	127
halten	51
halten verboten	51
die **Hand**, ¨-e	136
hatte (→ haben)	56
zu **Hause**	42
der **Heimatfilm**, -e	110
heiraten	80
heiß	87
heißen	14
das heißt	141
die **Heizung**, en	66
helfen	30
der **Helfer**, –	127
hell	136
das **Hemd**, -en	32
der **Herbst**	128
hereinkommen	
(→ kommen)	116
der **Hering**, -e	80

der **Herr**, -en	24/30
herrlich	68
herzlich willkommen!	50
heute	19/61
heute nachmittag	61
hier	14
hierbleiben	38
der **Himmel**	68
hin	57
hinausschwimmen	105
hineinwerfen	133
hinter	102
hm?	14
hochkommen	
(→ kommen)	132
das **Hochzeits-**	
geschenk, -e	54
hören	61
der **Hörer**, –	133
hoffen	87
die **Hoffnung**, -en	96
holen	44
der **Honig**	18
der **Hopfen**	127
die **Hose**, -n	32
der **Hunger**	62
der **Hut**, ¨-e	32

I

ich	14
die **Idee**, -n	38
ihm (→ er)	51
Ihnen (→ Sie)	51
ihr	38
Ihr	87
im (→ in)	32/128
immer	72/87
in	62/68
ins (= in das)	18
intelligent	76
interessant	136
interessieren (sich ~)	114
irren (sich ~)	116
der **Irrtum**, ¨-er	86
ist (→ sein)	14

J

ja	14/56
die **Jacke**, -n	142
das **Jahr**, -e	94
jemand	159
der **Januar**	138
jetzt	24
der **Jugendfreund**, -e	108
der **Juli**	138
jung	80
der **Juni**	138

K

der **Käse**	105
der **Kaffee**, -s	18
das **Kalbsfrikassee**, -s	80
das **Kalbsschnitzel**, –	80
die **Kamera**, -s	26
der **Kandidat**, -en	153
kann (→ können)	51
die **Kantine**, -n	108
kaputt	51
kariert	142
der **Karneval**	162
die **Karte**, -n	54
kaufen	24
kein	13/26
kein ... mehr	13
kennen	160
die **Kette**, -n	94
das **Kind**, -er	42
das **Kino**, -s	110
klar!	30
das **Kleid**, -er	24
klein	24
klopfen	62
der **Knopf**, ¨-e	134
kochen	128
können	51/110/116
der **Koffer**, –	51
der **Kognak**, -s	80
komfortabel	97
komisch	142
kommen	20
der **Kopf**, ¨-e	153
kosten	26
kostümieren (sich ~)	161
krank	100
krank machen	110
der **Kuchen**, –	54
die **Küche**	66
küssen	154
der **Kumpel**, –	141
der **Kurort**, -e	152
kurz	122
der **Kuß**, ¨-sse	39

L

lachen	122
lagern	127
die **Lampe**, -n	26
das **Land**, ¨-er	157
lang	122/147
lassen	92/162
laut	62
leider	158
leihen	114

173

	Seite		Seite		Seite		Seite
lernen	60	**N**		die **Post**	56	**schneiden**	122
lesen	100			der **Postbote**, -n	132	schnell	97
lieber (→ gern)	80	na endlich!	74	praktisch	134	schön	44/68/80
liegen	132	na so was!	128	prima	80	schon	20/122
die **Limonade**, -n	80	nach	38/51/108	pro	147	der **Schrank**, ⸚e	24
links	51	der **Nachmittag**, -e	61	der **Professor**, -en	151	das **Schrankbett**, -en	66
los	20/162	nächste Woche	142	das **Prosit**	30	der **Schreibtisch**, -e	87
losfahren	36	der **Name**, -n	14	puh!	87	der **Schuh**, -e	100
losmüssen	20	die **Nase**, -n	136	der **Pullover**, –	60	die **Schulferien**	36
die **Luft**	100	natürlich	36			schwarz	96
die **Lust**	110	neben	53	**R**		die **Schweiz**	146
		nehmen	20	das **Radio**, -s	116	schwer	159
M		nein	12	rauchen	149	schwierig	159
machen	36/62	nervös	160	der **Raum**, ⸚e	66	schwimmen	105
der **März**	138	nett	121	die **Rebe**, -n	127	der **Seebarsch**, -e	80
mag (→ mögen)	157	neu	68	die **Rechnung**, -en	100	die **Seezunge**, -n	80
mal (→ einmal)	116	neugierig	85	rechts	51	sehen	92
man	134/154	nicht	12/14	reden	72	sehr	26
der **Mann**, ⸚er	80	nichts	24	der **Regisseur**, -e	158	seit	147
die **Mark**	26	nicht wahr?	63	regnen	81	seit wann?	147
die **Marmelade**, -n	18	nie	30/87	die **Reise**, -n	124	die **Seite**, -n	92
das **Medikament**, -e	147	niemand	58	reisen	128	die **Sekretärin**, -nen	87
das **Meer**, -e	105	noch	18/19	die **Rezeption**, -en	10	selber	110
mehr	13/152	noch etwas?	24	der **Rheinfall**	146	selbst	132
mein	14	nötig	128	der **Rheinwein**, -e	160	selbstverständlich	80
meinen	159	der **November**	138	richtig	87	der **September**	138
die **Meinung**, -en	73	null	55	riechen	105	sich	116
der **Mensch**, -en	152/160	die **Nummer**, -n	133	der **Ring**, -e	39	sie	26
merkwürdig	158	nur	24/94	der **Rock**, ⸚e	100	Sie	14
die **Messe**, -n	139	nun	38/100	der **Roman**, -e	157	sieben	20
mich (→ ich)	44/116			rot	68	sind	24
die **Milch**	80	**O**		die **Rückfahrkarte**, -n	124	die **Skipiste**, -n	114
das **Mineralwasser**, –	80	ob	100	die **Rüstung**, -en	122	so	32/44/87
mir (→ ich)	44	oben	127	die **Ruhe**	116	das **Sofa**, -s	68
mitnehmen	93	oder	110			sofort	62
die **Mitte**	68	öffnen	105	**S**		der **Sommer**, –	68
der **Mittwoch**	138	oft	147	der **Sack**, ⸚e	127	die **Sommerfarbe**, -n	96
modern	122	oh	20	der **Saft**, ⸚e	147	die **Sonne**	68
möchte (→ mögen)	26/157	ohne	159	sagen	105	der **Sonntag**, -e	138
möglich	80	das **Ohr**, -en	136	der **Samstag**, -e	138	sonst	24
der **Moment**, -e	51	der **Oktober**	138	schade	105	spät	20
der **Monat**, -e	142	die **Oper**, -n	110	schaffen	30	spannend	85
der **Montag**, -e	138	das **Ortsgespräch**, -e	133	der **Schal**, -s	142	die **Spazierfahrt**, -en	104
morgen	36	die **Ostsee**	127	schau mal!	24	die **Speise**, -n	77
der **Morgen**, –	100			der **Schauspieler**, –	160	die **Speisekarte**, -n	62
morgens	100	**P**		der **Scheibenwischer**, –	134	spendieren	140
die **Morgenzeitung**, -en	100	das **Paket**, -e	132	scheinen	81	das **Spiel**, -e	54
der **Motor**, -en	121	der **Parkplatz**, ⸚e	42	die **Schicht**, -en	140	spielen	42
das **Motorrad**, ⸚er	20	die **Partei**, -en	152	schicken	78	der **Spielplatz**, ⸚e	42
der **Motorradfahrer**, –	146	der **Paß**, ⸚sse	147	der **Schinken**, –	141	sportlich	97
der **Mund**, ⸚er	136	passieren	42	schlecht	87	sprechen	74
das **Museum**, Museen	154	der **Pfennig**, -e	133	schließen	94/105	die **Stadt**, ⸚e	92
die **Musik**	120/154	phantastisch	157	der **Schlüssel**, –	14	die **Statisterie**, -n	108
muß (→ müssen)	20	die **Pille**, -n	147	der **Schmerz**, -en	100	der **Stau**, -s	36
müssen	20/116	die **Platte**, -n	24	der **Schnaps**, ⸚e	80	stehen	92
		das **Portemonnaie**, -s	56	der **Schnee**	128	stellen	66
		das **Portrait**, -s	116			die **Stereoanlage**, -n	134

174

	Seite		Seite		Seite		Seite
stimmt!	87	**tschüs**	24	der **Wagen**, –	50/127	**wievielte**	147
der **Stock** (im Haus)	132	**tüchtig**	127	die **Wahlbenach-**		**will** (→ wollen)	38
die **Straße**, -n	36	die **Tür**, -en	94	**richtigung**, -en	153	der **Winter**, –	72
die **Straßenbahn**, -en	19	die **Tüte**, -n	142	**wann?**	38	der **Winterurlaub**, -e	74
das **Streichholz**, ¨er	62	der **TÜV**	131	**war** (→ sein)	57	**wir**	13/20
stricken	60	**tut mir leid**	13	**warm**	68	**wird** (→ werden)	87/128
der **Strumpf**, ¨e	100	der **Typ**, -en	80	**warum?**	51	**wirklich**	44/100
der **Student**, -en	32	**U**		**warten**	62/74	**wissen**	100
das **Studentenheim**, -e	32	**über**	72/105	**was?**	20/26/80	**wo?**	24
das **Stück**, -e	110	**überall**	36	**was für ein?**	80	die **Woche**, -n	142
die **Stunde**, -n	30/92	die **Uhr**, -en	20/26	**was gibt's?**	110	das **Wochenende**, -n	146
suchen	13	**um**	20/47	**waschen**	129	der **Wochentag**, -e	138
die **Süßigkeit**, -en	141	**um Gottes willen!**	12	die **Wasch-**		**wohin?**	38
T		**um zwölf**	92	**maschine**, -n	134	**wohnen**	61
die **Tablette**, -n	147	**und**	32/44	das **Wasser**	105	die **Wohnung**, -en	68
die **Tänzerin**, -nen	154	**ungültig**	147	das **WC**	66	die **Wolke**, -n	68
der **Tag**, -e	14	die **Universität**, -en	32	**wecken**	62	**wollen**	38
tanzen	120	**unmöglich**	12	**weg**	121	**worauf?** (→ auf)	74
die **Tasche**, -n	11	**uns**	44	**weggehen**	121	**worüber?** (→ über)	74
tatsächlich	132	**unser**	116	**weil**	100	**wozu?** (→ zu)	16
telefonieren	116	**unter**	68	der **Wein**, -e	80	**würde** (→ werden)	94
der **Teppich**, -e	68	**unterhalten**	159	**weiß** (→ wissen)	100	**wunderschön**	30
das **Teppichgerät**, -e	24	**unterwegs**	158	**weiterfahren**	51	**wundervoll**	160
teuer	26	der **Urlaub**, -e	74	**welcher, welche,**		die **Wurst**, ¨e	18
das **Theater**, –	110	**V**		**welches**	110		
die **Theaterkasse**, -n	108	**verboten**	51	die **Welt**	154	**Z**	
der **Tisch**, -e	68	**vergessen**	132	das **Weltall**	154	**zeigen**	60
die **Tischkarte**, -n	60	**verheiratet**	94	**wem?** (→ wer)	51	**Zeit haben**	19
toll	24	**verreisen**	151	**wenn**	154	die **Zeitung**, -en	50/62
die **Tomatensuppe**, -n	80	**verstehen**	132	**wer?**	61	**ziemlich**	122
das **Tonbandgerät**, -e	119	**verstopfen**	36	**werden**	128	das **Zimmer**, –	14
das **Tor**, -e	55	**versuchen**	159	**wie?**	10/14/20	der **Zirkus**, -se	110
die **Torte**, -n	141	**verteilen**	127	**wie bitte?**	44	**zu**	20/51/134
die **Tracht**, -en	114	**viel**	26/122	**wie geht es Ihnen?**	50	**zu Hause**	42
träumen	62	**viermal**	147	**wie geht's?**	100	**zu spät**	20
tragen	48	die **Vokabel**, -n	60	**wie lange?**	147	der **Zucker**	60
die **Traube**, -n	24	**volljährig**	140	**wie oft?**	147	**zuerst**	18/93
traurig	97	**von**	128	**wie spät?**	20	der **Zufall**, ¨e	161
treffen (sich ~)	139	**vorhin**	116	**wieder**	121	der **Zug**, ¨e	161
trinken	80	**W**		das **Wiederhören**	139	**zumachen**	128
trimmen (sich ~)	116	**wählen**	133	**wiegen**	159	**zurückkommen**	38
trocknen	127	**wäre** (→ sein)	80	**wieso?**	42	**zusammen**	51
der **Tropfen**, –	147			**wieviel?**	23	**zwölf**	92

Bildquellen:

Umschlag: *Schloß Neuschwanstein:* Joachim Kinkelin, Europa Farbarchiv (Fridmar Damm), Worms; *Burg Gutenfels/Rhein:* Joachim Kinkelin, Europa Farbarchiv (F. Pahlke), Worms; *Heidelberg:* Joachim Kinkelin, Europa Farbarchiv, Worms; *Köln:* Bildagentur Mauritius (M. Vidler), Mittenwald; *Oberbayern:* Joachim Kinkelin, Europa Farbarchiv, Worms

S. 12 *Freiburg:* Bavaria Bildagentur (Messerschmidt), Gauting
S. 18 *Nürnberg:* Bavaria Bildagentur (IPCE), Gauting
S. 35 *Wasserburg:* Bavaria Bildagentur (Klammet & Aberl); *Menzenschwand:* Bavaria Bildagentur (K. W. Gruber); *Hallstadt:* Bavaria Bildagentur (Martzik)
S. 55 *München, Olympiastadion:* Klammet & Aberl, Germering
S. 59 *Bonn, Marktplatz:* Bavaria Bildagentur (Storck); *Deutscher Bundestag:* Bavaria Bildagentur (Laurinpress); *Bundeshaus:* Klammet & Aberl, Germering
S. 67 *Studenten in einer Wohngemeinschaft:* Anne Rech, München
S. 88 *Bücher:* Barbara Stenzel, München
S. 90 *Schild:* Sabine Wenkums, München
S. 91 *Skifahrer:* Bavaria Bildagentur (Dr. Bahnmüller); *Haus:* Bavaria Bildagentur (Hubert Manfred); *Salzburg:* Bavaria Bildagentur (Tschanz-Hofmann)
S. 92 *Salzburg:* © Baedekers Österreich Reiseführer 1988
S. 99 *Wieskirche:* Bavaria Bildagentur (Merten); *Neuschwanstein:* Bavaria Bildagentur (Nägele); *Schloß Linderhof:* Bavaria Bildagentur (Hiroshi Higuchi)
S. 103 *Brandenburger Tor:* IFA-BILDERTEAM, München
S. 114 *Skiabfahrt:* Bavaria Bildagentur (Gritscher)
S. 133 *Telefonpiktogramme:* Barbara Stenzel, München
S. 141 *Ruhrgebiet:* Bavaria Bildagentur (Rose)
S. 145 *Matterhorn:* Bavaria Bildagentur (Hiroshi Higuchi); *Rheinfall:* Bavaria Bildagentur (Deuchert); *Senn:* Bavaria Bildagentur (Anton Geisser); *Stein am Rhein:* Bavaria Bildagentur (Mathyschok)
S. 157 *Szene aus dem Film «Das Boot»,* Neue Constantin Film GmbH, München